KANU SPEZIAL

GRÖNLAND

Impressum

© 2001 Thomas Kettler Verlag
Von-Hutten-Str. 15
D - 22761 Hamburg
Tel. (+49) 40 89 12 54
Fax (+49) 40 390 68 20
E-Mail: mail@kanu-kompass.de
Internet: www.thomas-kettler-verlag.de • www.kanu-kompass.de

1. Auflage April 2001
Satz: Thomas Kettler Verlag
Text: Philipp Krekel
Produktion: Frank Schöler
Gestaltung: Carola Hillmann
Karten: Philipp Krekel
Fotos: Philipp Krekel

Die Deutsche Bibliothek – CIP-Einheitsaufnahme
Ein Titeldatensatz für diese Publikation ist bei
Der Deutschen Bibliothek erhältlich

Alle Angaben zu Preisen, Adressen, Telefonnummern und sonstige Angaben wurden nach bestem Wissen erstellt. Eine Garantie für ihre Richtigkeit kann vom Verlag/Autor jedoch nicht übernommen werden. Sowohl Verlag als auch Autoren lehnen im Falle eines Unfalles jegliche Haftung ab. Die vorliegenden Karten sind als Planungskarten gedacht und sollten nicht zur alleinigen Orientierung genutzt werden.

Sollten sich Fehler in dieses Buch eingeschlichen oder Gegebenheiten im Zusammenhang mit Touren geändert haben, bitten wir, sich mit uns in Verbindung zu setzen. Ebenso sind wir an Tipps und Hinweisen zu anderen, besonders im skandinavischen Raum liegenden Kanurevieren interessiert.

Dieses Buch ist über den Buchhandel, Outdoor-Läden oder direkt beim Verlag zu beziehen.

ISBN 3-934014-15-1

Philipp Krekel

KANU SPEZIAL
GRÖNLAND

Sommer an der Westküste
Reisebericht

THOMAS
KETTLER
VERLAG

Inhaltsverzeichnis

Anschluß an diese Karte siehe nächste Seite

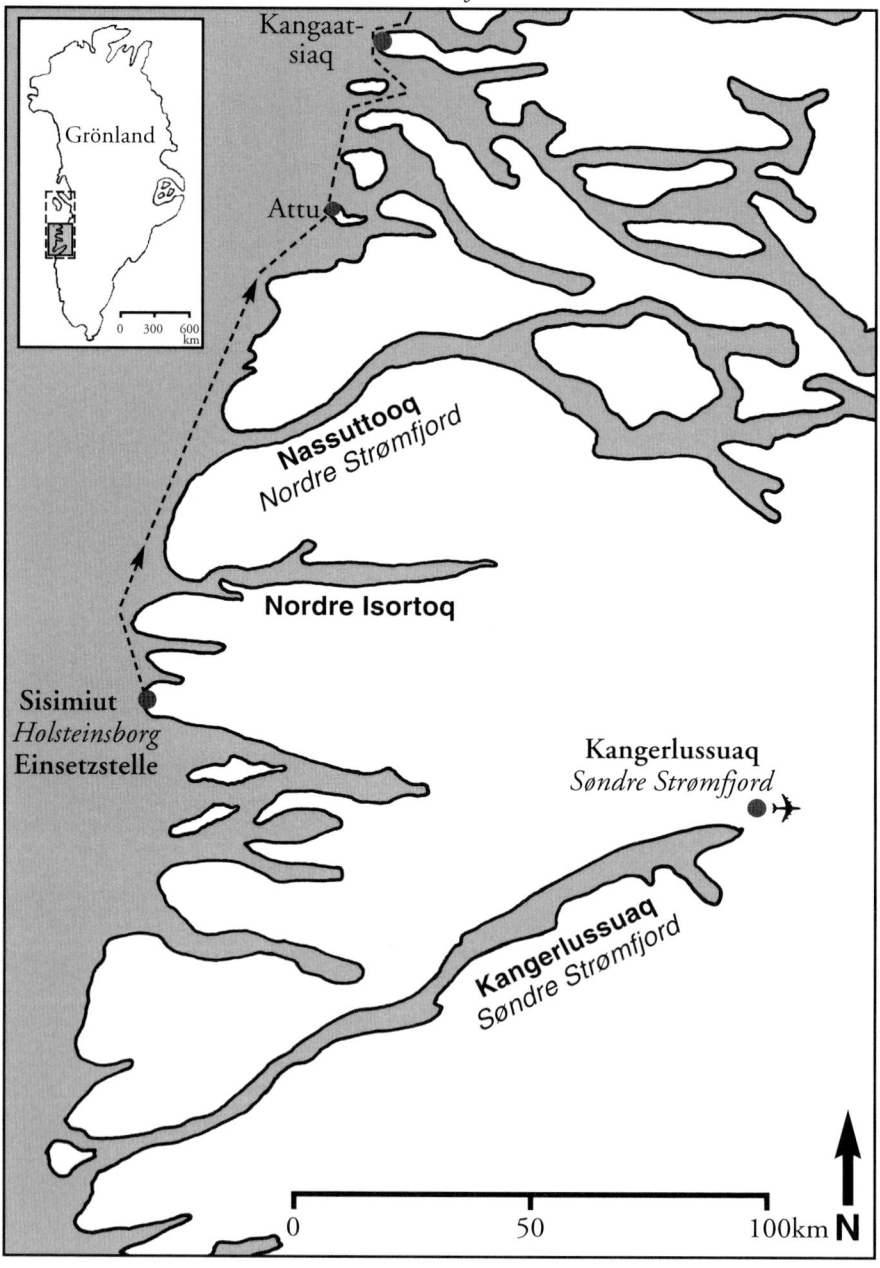

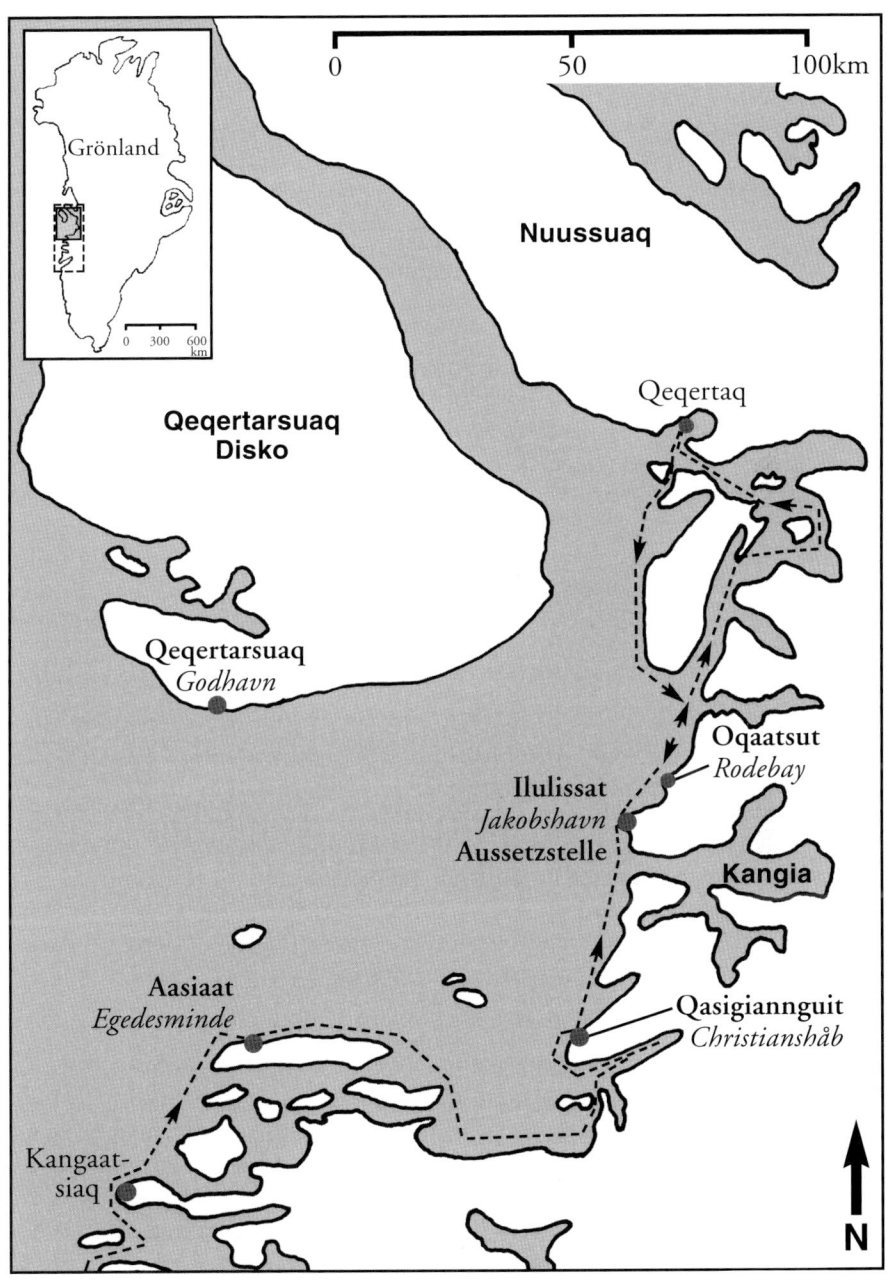

Anschluß an diese Karte siehe vorherige Seite

Auf den Spuren der Träume

Alle Rosen gäb ich gerne
für Nordlands Steine.
(Pfadfinderlied)

Welch eine Entscheidungsschwere lastet doch auf einem Menschen, der die
Freiheit genießt, über viele Dinge seines Lebens in eigener Verantwortung
bestimmen zu können! Am Ende meines Studiums stellte sich mir die Frage,
wie ich die sich anschließende Zeit am sinnvollsten gestalten könnte – als
letzte freie Zeit, bevor der Ernst des beruflichen Lebens noch früh genug auf
mich zukommen würde. Eine große Reise, so „wie es alle machen", schrieb
die Etikette nahezu vor – schließlich ist die Lage, in der man sich nach einem
Studium befindet, einzigartig. Nichts und niemand wartet auf einen, und
ist man als Abenteurer bereit, seine sogenannte Karriere oder den Beginn
eines wohlgeordneten Lebenslaufes aufs Spiel zu setzen, und hinterfragt nicht
ständig, wie es wohl im materiellen Sinne weitergehen wird, dann öffnen
sich fast alle erdenklichen Möglichkeiten, langgehegte Träume und Wünsche in die Tat umzusetzen.

Das, was schon so lange in mir schlummerte und seiner Umsetzung harr-
te, lag plötzlich so greifbar nahe. Doch kaum erlaubte ich mir, konkreter zu
denken und Ordnung in den wüsten Haufen alter Pläne zu bringen, stellte
sich eine ernüchternde Leere ein: Wo waren sie nur geblieben, die Träume
aus der Jugendzeit, die fantastischen Vorstellungen davon, wie man wage-
mutig die längsten Wanderungen durch ganze Länder hindurch unternimmt,
auf den Spuren Jack Londons oder Fridtjof Nansens wandelt – großer Vor-
bilder vergangener Jahre –, endlos sich dehnendes Inlandeis quert, ans andere Ende der Welt paddelt, umgeben von der Großartigkeit der Natur? Entschwunden?

Sicherlich nicht völlig, schließlich ertappte ich mich immer wieder beim
Pläneschmieden und Ausspinnen von allerlei Unternehmungen. Dennoch
meldete sich aus meinem Inneren immer seltener der unmissverständliche
Ruf, endlich den Rucksack zu packen und aufzubrechen – egal wohin, es
war ja schon allerhöchste Zeit! Nein, der innere Schweinehund hieß mittlerweile Bequemlichkeit, Trägheit und Unentschlossenheit und schien die
selige Spontanität der Jugend unbemerkt und heimlich vertilgt zu haben. Im
Sessel zu lümmeln, bei Konservenmusik und einem Gläschen Wein, und

dabei in den buntbebilderten Katalogen der großen Ausrüster zu blättern, schien dem eigenen Anspruch nach Abenteuerleben bereits zu genügen – und war im übrigen auch wesentlich einfacher und mit weniger Anstrengung verbunden, als unter der Last eines schweren Rucksacks zu stöhnen und sich durch unwegsames Gelände zu mühen.

Glücklicherweise ließ sich trotz der eigenen laxen Art noch ein Fünkchen Anstand mobilisieren, ausreichend, um der erwähnten Etikette zu genügen. Schon aus gesellschaftlichen Gründen also galt es, etwas zu unternehmen, mein Ansehen als bewährter Outdoorfan stand auf dem Spiel! In der Tat blockierte mich von Zeit zu Zeit die innere Leere so sehr, dass ich versuchte, mit derart lächerlichen Überlegungen auf mich selbst einen gewissen Druck auszuüben und vor allem endlich eine Entscheidung zu fällen.

Nur – wohin sollte diese „obligatorische" Reise gehen? Auf der einen Seite hatten meine alten Gefilde in Skandinavien nichts von ihrer Attraktivität eingebüsst, auf der anderen Seite war die Ausgangssituation dafür, endlich einmal neue Wege zu beschreiten, noch nie so gut wie eben gerade jetzt. Lediglich die Begeisterung für Neues, die sich bei mir als zunächst leises, dann immer heftigeres Kribbeln unter der Haut und in Form von unerklärlicher Rastlosigkeit und Aufregung bemerkbar macht, wollte sich nicht so recht einstellen. Nicht einmal typische Traumziele der Wildnis und der Abgeschiedenheit wie Kanada, Alaska oder Island vermochten mich so zu locken, dass ich mich voller Übermut in eine endgültige Planung hätte stürzen wollen.

Das alte und im Laufe der Zeit mehr und mehr liebgewonnene Norwegen hingegen rief wieder mit langen und ausgedehnten Wanderungen über sein Fjell, seine Steinhalden und Hochflächen. Aber sollte dieses bereits so häufig bereiste Land der großen Reise denn genügen? War es nicht ein wenig zu altbacken, abgedroschen, fantasielos? Doch, ein klein wenig schon, etwas Größeres, und vor allem Ausgefalleneres, wollte ich dieses Mal schon angehen. Und so machte sich doch alsbald eine im Verborgenen schlummernde alte Liebe wieder bemerkbar: Grönland. Diese große Insel hatte sich allein mit ihrem Namen und all den Vorstellungen aus alten Seefahrer- und Abenteuerromanen bereits vor vielen Jahren in meinem damals kindlichen Bewusstsein eingenistet. Etliche Jahre später wagte ich mich in Begleitung meines Bruders und eines Freundes zweimal dorthin. Fasziniert und tief beeindruckt kehrten wir aus Grönlands aufregendem Süden wieder heim, überzeugt, dass diese Insel noch lange nicht als „abgehakt" gelten konnte.

Und während ich so alten Erinnerungen nachhing und Bilder passieren ließ, reifte der Plan heran, Grönland einen weiteren Besuch abzustatten, nahm Gestalt an, beherrschte schließlich meine Träume, wurde zur Sehnsucht. Dies vor allem aus dem Grund, dass ich mir einen weiteren alten Wunsch erfüllen wollte, nämlich mich mit einem Faltboot fortzubewegen, um dabei die Landschaft aus einer gänzlich anderen Perspektive betrachten und im wahrsten Sinne des Wortes zu neuen Ufern aufbrechen zu können. Noch nie war die Gelegenheit für dieses Experiment so günstig wie jetzt, da ich alleine reisen würde und somit niemanden von dem in Wahrheit nur begrenzten Risiko des Paddelns überzeugen musste, jede Entscheidung selbst fällen konnte.

Schon bald erfüllte mich eine wachsende Vorfreude auf die unbekannte Unternehmung, die sich bis zur Euphorie steigerte, zur fixen Idee – die ich doch vorher schon beinahe verloren gewähnt hatte. Mehr und mehr begannen meine Gedanken sich um das Erleben von Eis, hellen Nächten, rauen Bergen und großer Stille zu sammeln, flog die Fantasie in die Weite der sanften Tundra, auf dunkles, eiskaltes Meer und auf namenlose Gipfel. Jetzt kribbelte es endlich wieder unter der Haut, spürte ich eine wohltuende innere Unruhe als Ausdruck des Willens zum Aufbruch und der Abenteuerlust. Norden, ich komme!

Doch während der komplizierten und langwierigen Vorbereitungen, als der Termin der Abreise näher und näher rückte und noch so viele Dinge auf ihre Erledigung warteten, schlichen sich ins Hoch der Gefühle unbewusste Ängste ein, verlor ich meine Lust, meine Begeisterung flaute ab, und zuletzt wollte ich am liebsten gar nicht mehr abfahren. Dennoch hatte ich bis zur letzten Stunde Flüge und Schiffsverbindungen organisiert und Karten gekauft, nach einem günstigen, gebrauchten Boot Ausschau gehalten und – weil damit erfolglos – im letzten Augenblick ein neues erworben und, ohne jegliche Probefahrt vorgenommen zu haben, sogleich auch nach Grönland verschicken lassen. Ich hatte mich mit neuen Ausrüstungsgegenständen eingedeckt, Hosen ausgebessert und verstärkt – schließlich musste das Material drei Monate lang seinen Dienst erfüllen – und aus Kostengründen sogar noch aus einer alten Bundeswehrzeltplane eine Spritzdecke genäht. Verständlicherweise war ich fertig mit den Nerven (und meine Finanzen beängstigend dezimiert), als es endlich losgehen sollte. Nach all diesen Planungen und den nicht zuletzt schmerzlichen Ausgaben konnte die Reise nicht nur, sie musste nun endlich beginnen!

Am frühen Morgen sitze ich aufgeregt, aber innerlich leer im Frühstücksraum meines Wohnheimes, rühre in aller Stille und allein lustlos in meinem Morgentee und kaue träge auf einer Brotschnitte herum. Das Telefon klingelt – wer, bitte schön, ruft um diese Zeit schon an? –, SAS vom Flughafen Frankfurt meldet gewisse Komplikationen bei der Versendung meines Bootes, ein bürokratischer Fehler sei unterlaufen, es könne zu Verzögerungen kommen. Das ist mir momentan egal, jetzt muss ich los. Kein Mensch begegnet mir, als ich mit schwerem Rucksack durch die Eingangshalle des Studentenwohnheimes schlurfe und mich zu neuen Abenteuern nach Grönland aufmache.

Warten im Hinterland

Es ist Mitte Juni, ich sitze in Søndre Strømfjord auf Kangerlussuaq, Grönlands wichtigstem Flughafen, direkt am Rand des Inlandeises knapp oberhalb des Polarkreises gelegen, und bin bereits drauf und dran, meine gesamte Routenplanung wieder über den Haufen zu werfen. Wie naiv und blauäugig bin ich aber auch gewesen! Zuhause hatte ich die per Boot zu bewältigenden Tagesetappen geplant, auf der Karte Fjorde und Küste nach möglichen Anlande- und Zeltmöglichkeiten abgesucht und mir den Ablauf dieser Unternehmung insgesamt ein wenig zu exakt ausgemalt. Sicher, auf der Landkarte ließ sich alles leicht zurechtlegen, die ganze Reise ohne weiteres ausspinnen, doch führten die natürlichen Gegebenheiten nun schnell zu Ernüchterung.

Ursprünglich war mein Gedanke gewesen, zum Einstieg gemütlich den fast 200 km langen Fjord hinunterzupaddeln und mich dann Sisimiut an der Westküste zuzuwenden. Doch das offene Wasser ist vom Flughafen über zehn Kilometer entfernt, der Gletscherfluss, der in den Fjord mündet, zum Einsetzen des empfindlichen Bootes zu unsicher, sein Delta wegen unzähliger Sandbänke, die sich tückisch unter trüber Gletschermilch verstecken, sogar gefährlich. Zwar könnte ich mich zum Hafen fahren lassen, doch der Preis, den ich für diese Taxifahrt entrichten soll, ist für mein schmales Budget nicht akzeptabel. Das viele Gepäck zu tragen, scheidet aus. Aber es sind weniger diese vergleichsweise eher technischen beziehungsweise ökonomischen Aspekte, die mich zunächst innehalten lassen, mit der Reise wirklich zu beginnen. Vielmehr wirkt der lange und schmale Fjord mit seinen steilen Felswänden auf mich abweisend, regelrecht unheimlich.

Aus der benachbarten Bucht Umîvît treibt ein starker Wind mächtige Sandsturmwolken hinaus, die sich drohend über der Wasserfläche verbreiten, und versetzt dabei das Wasser in eine solch tobende und schäumende Unruhe, dass an Paddeln vorerst nicht zu denken ist. Neben der Unentschlossenheit über mein weiteres Vorgehen macht sich bei mir eine gewisse Niedergeschlagenheit breit und droht, mir den Mut zu nehmen, noch ehe meine Unternehmung richtig begonnen hat. Dabei sah doch das Land – aus dem Flugzeug betrachtet – zunächst so einladend aus! Die hügelige, unendlich weite Tundra grüßte freundlich und sanft herauf und lockte zu ausgedehnten Fußmärschen, während der schmale Fjord einlud, ihm mit dem Boot zur Küste ans offene Meer zu folgen. Doch jetzt, aus der Nähe betrachtet, erweist sich so mancher erster Eindruck als Trugbild. Die wahre Größe der Landschaft zeigt mir unmissverständlich, wo ich kleiner Mensch stehe. Und je mehr ich über meine Situation grübele, desto einsamer beginne ich mich zu fühlen und wünsche mich an den Beginn meiner Planung zurück, an der ich gerne nachträglich ein paar Korrekturen vornehmen würde.

Doch weder Wunschdenken noch Niedergeschlagenheit bringen mich weiter, vielmehr muss ein Entschluss her, und zwar so schnell wie möglich. Außer der Fahrt den Fjord hinunter, mit allen damit verbundenen Unannehmlichkeiten, und dem Start direkt an der Küste, an die zu gelangen mich allerdings abermals eine Menge Geld kosten würde, gibt es praktisch keine Möglichkeit. Wie hilfreich wäre es doch jetzt, jemanden zu haben, dem ich all meine Sorge klagen könnte, vollkommen unwichtig, ob ich dabei Gehör fände oder auch nicht. Aber die Enttäuschung darüber, dass es zunächst nicht so eintritt, wie ich es gehofft und geplant hatte, jetzt ganz allein verarbeiten und schlucken zu müssen, zehrt an der Substanz und lässt schnell Zweifel an meiner Vorbereitung aufkommen.

So manchen Angestellten am Flughafen belästige ich mit meinen Problemen, hole erneut allerlei Informationen zu Flug- und Schiffsverbindungen ein, rechne die zusätzliche Belastung meiner Urlaubskasse aus und entscheide mich letztendlich dafür, mit dem Schiff (dem ersten der Saison) nach Sisimiut an die Küste zu reisen und die Faltbootfahrt dort zu beginnen. Bis dahin bleibt mir noch eine Woche Zeit, und ich spüre, dass ich mich von diesem tristen Flughafen losreißen muss, ehe ich Opfer der Trägheit und dumpfen Stimmung werde, die von solchen Orten mitten im Nichts ausgeht. Nur allzu schnell nämlich möchte man sich der gewohnten Trägheit hingeben und beginnt, in der Flughafencafeteria zu versauern und für Stunden oder Tage stumpf aus dem Fenster zu sehen, anstatt sich ins Gelände aufzumachen. Schließlich gebe ich mir einen Ruck, verlasse die wohltuend mückenfreie Zone des Flughafengebäudes und bereite mich auf eine kleine Wanderung vor. Freundliches Personal in der Luftfrachthalle gewährt meinem Boot ein paar Tage Unterschlupf, ich packe meine schweren Siebensachen und atme, soweit die schwere Last auf meinem Rücken dies zulässt, erleichtert auf, als ich endlich ins Hinterland, zum Inlandeis, aufbreche.

Schritt für Schritt trotte ich über den unebenen Untergrund, suche mit bald routiniertem Blick die besten Tritte und falle unmerklich in eine Art Tagträumerei, denke an nichts und vieles gleichzeitig und versuche, die Anstrengung einfach nicht wahrzunehmen. Mit einem Mal reißt mich unfreundliches Schnauben und energisches Hufgetrappel aus meinem leeren Sinnieren. Verschreckt blicke ich auf und starre geradewegs in die dunklen, undurchdringlichen Augen eines ausgewachsenen Moschusochsen, der mich argwöhnisch betrachtet. Keine zwanzig Meter trennen mich von diesem Urtier, das, in sein zottiges Fell gehüllt, einem grauen Felsbrocken gleicht und dem ich um ein Haar direkt in die imposanten Hörner gelaufen wäre. Beide aus heiliger Ruhe gerissen und gleichermaßen erschrocken, blicken wir uns kurz an, bis sich auf der einen Seite Instinkt, auf der anderen Vernunft zu Wort melden und jeweils eine Kehrtwende anordnen. Mit klopfendem Herzen und ängstlich, dass meine friedlichen Absichten möglicherweise nicht erkannt würden, mache ich mich zügig, aber nicht hastig, aus dem Staub. Als ich nach einigen Schritten wage, mich schüchtern umzublicken, ist der wandelnde Fels in einer kleinen Senke verschwunden.

Der Anblick des Inlandeises, das ich schließlich nach ein paar Stunden Marsch erreicht habe, ist in der Tat ein gewaltiges Erlebnis. Eine weiße, stellenweise auch blaue Wand markiert die Grenze des belebten Landes, dahinter erstreckt sich bis zum Horizont nur endloses Nichts. Die trübe Brühe des Schmelzwasserflusses quillt aus einem schwarz gähnenden Rachen hervor und rauscht unter ohrenbetäubendem Getöse die Eiskante entlang, um an anderer Stelle wieder in einem unersättlichen Schlund zu verschwinden. Unheimliches Gepolter gibt anhaltsweise Aufschluss über das Kaliber der Gesteinsbrocken, die von der Macht der Strömung über den Grund gerissen werden. Nach tosender Fahrt durch unergründliche Kanäle unter dem Eispanzer speit dieser die kalt kochenden Massen an seiner Stirn wieder aus, und sie drängen in breitem Bett mit voller Kraft dem Fjord entgegen. Eisblöcke, die sich von Zeit zu Zeit aus der starren Wand lösen, versuchen vergeblich, dem reißenden Wasser längeren Widerstand zu bieten und werden schnell zu dessen Spielball. Es kratzt, schabt und stöhnt, wenn diese Brocken an Eis und Fels entlangscheuern und mehr und mehr zerbersten. Fußballbis koffergroße Stücke liegen an Land herum, zwanzig oder dreißig Meter von der Eiswand entfernt, und zeugen auf eindrucksvolle Weise von deren Gefährlichkeit.

Schnell wird dem Besucher der Sinn der weißen Pfähle bewusst, die man hier aufgestellt hat und die signalisieren: „Bis hierher und nicht weiter!". Nicht auszudenken – im Moment eines Eissturzes der weißen Mauer zu nahe gekommen zu sein und von den herabfallenden Geschossen zermalmt zu werden. Für einen kurzen Augenblick stellt sich ein leichtes Schaudern ein, das jedoch im nächsten Moment schon wieder der Bewunderung für die

kalte Masse gewichen ist. Ganze Tage möchte ich sitzenbleiben und den Anfang des Inlandeises bewundern, das schon jetzt neue Sehnsüchte weckt. Der
starke Unterschied in der Lufttemperatur vor beziehungsweise über dem Eis
sorgt für ein munter säuselndes Lüftchen und hält die Mücken gänzlich fern.
Und gerade diesem Genuss gäbe ich mich gerne ewig hin. Doch ich muss
aufbrechen, eine kleine Runde möchte ich noch drehen, ehe in einigen Tagen
mein Schiff endlich geht.

Welt der Schären und Inseln
(Sisimiut – Aasiaat)

Endlich geht es los! Schon seit heute morgen liegt die „Sarpik Ittuk", eines der drei Küstenschiffe, die die Westküste bedienen, vor dem Anleger Søndre Strømfjords vor Anker. Einen eigentlichen Hafen gibt es nicht, da der Gletscherfluss im Laufe der Jahrtausende sein Mündungsgebiet schon weit aufgeschüttet hat und sich ungebremst weiter vorwärts arbeitet. Demnach ist das Wasser hier sehr seicht, und im Trüben lauern noch zusätzliche Tücken für jedes Wasserfahrzeug. Heute, spät nachts, soll das Schiff ablegen. Ein gewisser René, der den Zubringerdienst zwischen Hafen und Flughafen auf privater Basis übernimmt – und für seine Dienste auch einen nicht gerade bescheidenen Obolus kassiert – lässt mich wie abgesprochen am Zeltplatz abholen; den Geländewagen mit Sack und Pack vollgestopft, werde ich zum Anleger chauffiert. Eine Barkasse bringt die Passagiere schubweise zum Schiff.

Kurz vor Mitternacht werden die Anker gelichtet, die lange Fahrt den fast endlosen Fjord, den Kangerlussuaq hinaus, beginnt. Es ist eine ausgesprochen schöne Mittsommernacht, die Sonne ist für eine kurze Weile hinter den Bergen verschwunden, der wolkenlose Himmel über dem Inlandeis leuchtet bronzefarben, und das Grau der kahlen Felswände verschmilzt mit dem dunklen Blau des Fjordes. Lange Zeit stehen noch einige Reisende auf dem Deck herum, um das abendliche Schauspiel der Farbenpracht in sich aufzunehmen. Der Wind weht uns frisch ums Haupt, mal herrscht Stille unter den Passagieren, dann entfachen sich wieder angeregte Unterhaltungen. Ein aufgeschlossener Grönländer ist mir von Zeit zu Zeit ein netter Gesprächspartner und nimmt mir für diese Momente das Gefühl der Fremdheit und des Alleinseins. Doch am frühen Morgen (oder spät in der Nacht?) überkommt mich schließlich die Müdigkeit, ich strecke mich auf meiner Liege zum Schlafen aus. Lange Zeit noch ist Leben auf dem Schiff, Leute kommen und gehen den Gang entlang und nehmen dabei nur dürftig Rücksicht auf die bereits Ruhenden. Auch mein Schlaf wird nicht tief.

Ich erwache aus meinem Dösen, als draußen die steil aufragenden, imposanten Wände der Fjordmündung an den Bullaugen vorbeiziehen. Über tiefblauem Wasser lacht die Sonne und kündigt einen wunderschönen Tag an. Doch ehe ich überhaupt nur daran denken kann, an Deck zu gehen, um mit den anderen Passagieren zu staunen und zu fotografieren, sind wir schon von dichtem Nebel umhüllt, der alle Geräusche verschluckt und das Schiff geheimnisvoll und wie orientierungslos dahingleiten lässt. Erst knapp zwei Stunden vor Sisimiut (Holsteinsborg) löst sich die „Sarpik Ittuk" mit einem Mal aus den Schwaden, und Berge, Inseln und Schären geben ihre kahle Schönheit preis. Mit Erleichterung spüre ich, wie sich in mir endlich wieder ein Gefühl für Grönland breit macht, wie durch den Anblick dieser Umgebung die Freude auf die bevorstehende Bootsreise wächst. Bald werde ich in aller Freiheit meine eigenen Bahnen über das blaue Wasser ziehen, fernab vom Touristenstrom, von Hektik und kollektiver Bewunderung der für viele Besucher nur in kurzer Zeit konsumierbaren Szenerie. Kein festgelegtes Programm, kein knapper Zeitplan werden mich drängen; allein meine eigenen Pläne und Vorstellungen sollen der Motor für das Vorankommen sein.

Eines der zahlreichen Taxis (in der Tat könnte man meinen, es gäbe in der Stadt beinahe so viele Taxis wie Einwohner) bringt mich zu dem als Zeltplatz ausgewiesenen Areal, von dessen reger freizeitlicher Nutzung durch die Bevölkerung bedauerlicherweise zahllose Glasscherben, kleine und große, Zeugnis ablegen. Wie, zum Teufel, soll man da ohne Risiko einen Kajak aufbauen? Verärgert suche ich lange nach einem geeigneten Plätzchen, breite alles, was zu diesem Zwecke dienlich sein kann, als Unterlage aus und beginne mit dem Bootsaufbau. Irgendwie komme ich mir dabei ein wenig albern vor und hoffe inständig, dass niemand zufällig oder neugierig vorbeikommt und in Anbetracht des werdenden Faltbootes Fragen zu meiner Unternehmung stellt. Der Umstand, dass mein Gefährt außerdem völlig neu und demnach nicht getestet ist, wäre wohl für jeden Außenstehenden Anlass zur Skepsis. Aber ich bleibe augenscheinlich unbeobachtet, und nach viel Krafteinsatz, Geduld, heruntergeschlucktem Ärger und herausgezischten Flüchen über das noch kaum flexible Gerüst und die ebenfalls noch steife Haut steht der Kajak endlich vor mir. „Sieht doch eigentlich ganz gut aus", denke ich mir, schlank, schnittig und zuverlässig. Jetzt fehlt an sich nur noch ein halbwegs guter Fahrer, dann wird die Unternehmung ganz sicher ein Erfolg werden.

Nach dieser Plackerei habe ich mir einen Stadtbummel mit Einkaufen und – welch unerwarteter Luxus – einen Konditoreibesuch verdient. Sisimiut ist für grönländische Verhältnisse ein sehenswerter Ort, prächtig zwischen steil aufragenden Bergen und dem tiefblauen Meer gelegen, mit einer Prise echten Stadtflairs. Aus der alten dänischen Kolonialzeit stammen noch eine kleine Kirche mit dem nahezu obligatorischen Torbogen aus Walkiefern davor sowie einige wenige bunte, massive Holzhäuser. Über die Felsen verstreut liegen die farbenfrohen Einfamilienhäuser der neuen Zeit und geben der Stadt ein niedliches Gepräge. Auch die erst kürzlich geschaffenen Neubauten wirken regelrecht freundlich und könnten durchaus als gutes Gegenbeispiel für so manchen sterilen Neubau zu Hause dienen. Ihr lockeres, ungezwungenes Gepräge erhalten sie auch dadurch, dass man sich augenscheinlich nicht die Mühe gemacht hat, weite Areale zu ebenen Flächen zu sprengen, um dann ganze Hausreihen uniform hochziehen zu können. Lieber spart man wohl an Sprengstoff und schafft nur die notwendigen Einebnungen für die einzelnen Blockeinheiten, die sich dann in lustiger, scheinbarer Unordnung aneinander reihen. Ältere, langgezogene Wohnblocks hingegen, deren Balkone von wahren Massen an trocknender Wäsche geziert werden, fügen sich nur schwerlich in das Stadtbild ein und stehen im herben Kontrast zur umgebenden Natur.

Was jedoch der Stadt an vermeintlich typisch Grönländischem fehlt, ist das Eis. Sowohl im Gebirge als auch auf der See späht der Reisende vergeblich nach diesem Kennzeichen der Insel. Kein Wunder, das Inlandeis liegt mehr als 150 Kilometer entfernt im Osten, und Gletscher von nennenswerter Größe gibt es ebenfalls nicht im näheren Umkreis. Hingegen fielen mir schon unmittelbar nach der Ankunft die unzähligen Hunde auf, die an zahlreichen Plätzen in der Stadt herumlungern. Sisimiut ist, von Süden kommend, der erste Ort an der Westküste, wo Schlittenhunde überhaupt gehalten werden dürfen. Weiter im Süden, so die zuständigen Behörden, gäbe es für die Haltung von Schlittenhunden keine Notwendigkeit, und in Anbetracht der zahlreichen Unfälle, deren Opfer meist Kinder und alte Leute waren, hat man südlich des sogenannten „Hundeäquators" diese Tiere ganz einfach verboten. Nach dem Motto „Wer nicht arbeitet, soll auch nicht essen" werden die Hunde nämlich den Sommer über auf strenge Diät gesetzt, weswegen früher durchaus auch Menschen von hungrigen und unkontrolliert herumstreunenden Hunden angefallen wurden.

Heute muss jeder Schlittenhund – Jungtiere und Hündinnen mit Jungen ausgenommen – angekettet sein, will der Halter keine ernsten Probleme mit den Aufsichtsbehörden bekommen. Sommers liegen die Tiere faul und träge an ihren Ketten bei Regen und Sonnenschein im Dreck und machen wahrlich keinen zufriedenen Eindruck. Es stinkt nach Kot und Urin, und auch der Fischabfall, der ihnen von Zeit zu Zeit vorgeworfen wird, verströmt einen penetranten Geruch. Gelegentlich heulen sie im Chor, wobei sich die gesamte Hundebevölkerung gegenseitig anzustecken scheint, dann wieder balgen sie sich unter Geschrei und Gebell und liegen schließlich wieder friedlich beieinander und warten stoisch auf ihre nächste Fütterung. Im Winter endlich, wenn das Land unter der Schneedecke versinkt und die Fjorde zufrieren, werden die Rationen aufgestockt, die Hunde fressen sich Fettpolster an, und ihre Halter machen die Schlitten bereit. Dann durchkreuzen die Gespanne – endlich in ihrem Element! – zur reinen Lust der Bevölkerung oder als üppig zu bezahlende Touristenattraktion die weiße Landschaft.

Am Abend flaut der kräftige Wind des warmen Tages ab, und ich bringe meine erste Probefahrt hinter mich. Die Schultern schmerzen, als ich das sperrige Boot über ein paar hundert Meter endlich ans Ufer der kleinen Ulkebucht geschafft habe. Bereits beim Versuch einzusteigen wird mir klar, dass meine letzte Fahrt in einem Kajak schon ein Weilchen zurückliegt und auch in einem deutlich stabileren Zweier absolviert wurde. Vom heftigen Schlingern des schlanken Einers überrascht, wäre ich beinahe schon beim Einsteigen ins Wasser geplumpst. Kurz darauf schaukele ich, noch ein wenig unsicher, auf den kleinen Wellen umher und ziehe dann zum ersten Mal das Paddel in diesem Boot in Grönland durch. Langsam legt sich die Unsicherheit, ich vertraue mich meinem Kajak an und darf auch bald die ersten Wellen der Motorboote meistern. Doch das Gefühl der Sicherheit muss noch tiefer werden, wenn die Reise nicht buchstäblich ins Wasser fallen soll. Die wunderbare Abendsonne, die die bunten Häuser Sisimiuts und den tiefroten Rumpf des soeben hereinkommenden Containerfrachters der Royal Arctic Line in ihren intensivsten Farben leuchten lässt, zerstreut schnell meine Bedenken, und nach einem Weilchen ruhigen Gedümpels wende ich den Bug schließlich wieder der geschützten Bucht zu.

Am späten Abend des folgenden Tages geht es endlich los. Ich habe mein gesamtes Gepäck vom Zeltplatz herunter an die Bucht geschleppt, stopfe Säcke, Tüten, Stiefel und Kleinkram, ohne den man so ungern auf Reisen zieht, in die Bug- und Heckstauräume und muss auch noch das Vorder- und Achterdeck reichlich beladen, um alles unterzubringen. So wirkt mein Boot etwas schwerfällig. Kaum haben mich meine Paddelschläge aus der Ulkebucht herausgeführt, bekomme ich doch noch die Dünung des Tages zu spüren. Aus häufig wechselnden Richtungen greifen mich die Wellen an und begraben den Bug unzählige Male unter sich. Auch das Heck verbringt mehr Zeit unter als über Wasser – das Boot wird bis zum Etappenende wohl ordentlich vollgelaufen sein. Golden glitzert das Meer im Schein der spätabendlichen Sonne, die mein Gesicht wärmt und mich vergessen lässt, dass ich mich im Land des großen Eises befinde. Um Mitternacht steht sie noch immer über dem Horizont und erhebt sich bereits wieder. „So weit im Süden habe ich die Mitternachtssonne noch nie erlebt!" durchfährt es mich plötzlich; allerdings hatte ich sie während früherer Reisen im hohen Norden auf Spitzbergen nur selten so intensiv wärmend verspürt wie hier, nur knapp oberhalb des Polarkreises. In diesen Breiten überkommt mich wenigstens noch das Gefühl von Abend, von nur erhellter und nicht taggleicher Nacht. Dort oben jedoch, fast tausend Kilometer weiter im Norden, ließen sich Tag und Nacht kaum mehr voneinander unterscheiden.

Während meiner einsamen Fahrt entlang felsiger Küsten, an der sich die Brandung weiß schäumend bricht, zwischen Schären und tückischen Untiefen hindurch, fühle ich mich in meinem Boot eigentlich sehr sicher, ganz anders als noch gestern, als ich beim Anblick von Wellen und Dünung innerlich noch ein wenig gebibbert hatte. Auch wenn die Wellen kräftig über den Bug schwappen, bleibe ich ruhig und besonnen, konzentriere mich auf den Kurs und die Höhe und Richtung der Wogen.

Kaum ist die Sonne hinter den Bergen verschwunden, wird es schlagartig kühl und nur in Hemd und Schwimmweste zu kalt. Dann habe ich aber auch schon fast die angestrebte Bucht erreicht. Gegen ein Uhr nachts entsteige ich dem Faltboot und mache mich in der nasskalten und schlammigen Umgebung eines kleinen Altschneefeldes an die unangenehme Arbeit des Ausladens der vielen Einzelteile. Ich habe mir vorgenommen, meinen Tagesablauf so weit zu verschieben, dass mir die windstillere Nacht zur Aktivität und der Tag zum Schlafen bleibt und zwinge mich daher dazu, nach dem Nachtessen noch länger wachzubleiben. Beim Versuch, nach dem Essen mein Tagebuch zu ergänzen, fallen mir jedoch beinahe die Augen zu. Ehe ich ganz einnicke, raffe ich mich noch auf, abspülen und mich waschen zu gehen. Am nahen Fluss angekommen, schiebt sich die Sonne der Nacht bereits wieder hinter dem Berg hervor, rasend schnell geht es, ich kann zusehen, wie sie einen stetig wachsenden Streifen des ebenen Tundrabodens in goldenes Licht taucht. Es ist immer gleichbleibend fesselnd, magisch und geheimnisvoll, das Licht des Nordens.

Bis mittags schlafe ich, dann treibt mich die zunehmende Hitze im Zelt hinaus ins Freie. Stunden vorher schon durfte ich dem aufdringlichen Summkonzert unzähliger Stechmücken zuhören, die sich in der Wärme zwischen Außen- und Innenzelt tummeln, beharrlich auf ihre große Chance wartend. Doch draußen hat sich mittlerweile ein frischer Wind aufgebaut, der mir die Plage passabel vom Leibe hält, und es lässt sich gemütlich in der Sonne frühstücken. Der Angelausflug, mit dem ich mir eigentlich den halben Tag zu vertreiben gedacht hatte, wird nur kurz. Schon beim zweiten Wurf ruckt und zappelt es eindrucksvoll an der Schnur, der Puls schlägt schneller, und nach gut fünf Minuten habe ich einen ordentlichen Burschen angelandet. Silbern glänzt der Saibling auf dem dunklen Fels, sein kühles, helles, nur ganz schwach rosa gefärbtes Fleisch lässt mir schon das Wasser im Mund zusammenlaufen.

Eine Weile später bruzzelt das Tier in reichlich bemessenen Einzelportionen auf meinem Grill, den ich mit etwas Treibholz und abgestorbenen Ästen der Polarweiden so leidlich zum Brennen bekomme. Bald duftet es nach Rauch und heißem, verbranntem Fett, frischem Knoblauch und Kräutern. Locker löst sich das zarte, aber bissfeste Fleisch von den Gräten und beschert meiner Zunge einen Hochgenuss. Die letzten Bissen muss ich beinahe hinunterzwingen, schon wird es zuviel des Guten.

In meiner Bucht befinden sich zwei kleine Sommerhütten (die sich auch in Grönland wachsender Beliebtheit erfreuen), wovon die eine heute nachmittag Besuch bekommen hat. In der Hoffnung, nicht ungelegen zu kommen und zu stören, schlendere ich zu der kleinen Gruppe hinab, die sich in der Sonne niedergelassen hat und fröhlich picknickt. Zu meiner Freude werde ich überrascht und freundlich begrüßt und sogleich aufgefordert, doch auch Platz zu nehmen. Schon zu anfang des Gesprächs zeigt sich, dass nicht jeder Grönländer gleich ein Fischer, Jäger oder Alkoholiker ist. Hier habe ich es mit einem Polizisten und einem Lehrer für Gehörlose zu tun, dazu kommen die Frau des einen, zwei kleinere Jungs und eine dänische Hebammenschülerin. Ob ich denn, wenn ich schon aus Deutschland komme, Regensburg kennen würde, fragt mich der Gehörlosenlehrer beiläufig, er habe dort letztens einmal einen Zwischenstopp eingelegt auf dem Weg zu einem Fachkongress in Ungarn. Dass er dabei auch, sprachbegabt, wie es den Grönländern oft bescheinigt wird, gleich etwas Deutsch aufgeschnappt hat, zeigt er dadurch, dass er den dänischen Ausdruck „jordmor" für Hebamme zwar sinngemäß nicht einwandfrei, aber grammatikalisch vollkommen richtig in „Erdmutter" übersetzt. Das Gespräch mit diesen Leuten ist schön unterhaltsam, es erfüllt mich augenblicklich mit einem Gefühl des Wohlbehagens und der Geborgenheit inmitten der wilden und kargen Landschaft, auf die ich mich noch nicht völlig eingelassen habe. Von Zeit zu Zeit schweigend, sitzen wir in der Sonne und blicken auf das weite Meer hinaus, ohne genau zu wissen, was wir erwarten zu sehen.

Ich habe immer eine Schwäche dafür, mit meinem kräftigen Fernglas die Landschaft bis zum Horizont auf der Suche nach irgendetwas abzusuchen. Als ich es aus der Umhängetasche befreie und an die Augen heben will, entfährt dem Polizisten sofort ein neugieriges „Er det Zeiss?" Ich bejahe, erfüllt mit einem gewissen Stolz, zugleich aber auch etwas ängstlich, als „reich" eingestuft zu werden (das Glas ist ohnehin teuer genug und kostet hier ein kleines Vermögen). Er hält es vor die Augen und gibt ungeniert seiner Begeisterung Ausdruck. Diese Schärfe, unglaublich! Fast könnte man bis Kanada sehen! Auch der Sohn ist äußerst angetan und reicht mir nach seinem Rundblick den Feldstecher vorsichtig zurück.

Zum Abendpicknick gibt es gebratene Würste, geräucherten Heilbutt und getrocknete Krabben, dazu gönnt man sich gepflegt eine Flasche Rotwein und – wie zu einem guten Mahl gehörig – hinterher Kaffee und Süßes. Ich weiß überhaupt nicht, was ich sagen soll zu dieser ganz natürlich gelebten Gastlichkeit – schließlich habe ich rein gar nichts, was ich zu dieser gemütlichen Runde beisteuern könnte (den Schnaps, der sonst immer seinen Weg ins Gepäck findet, musste ich aus Gewichtsgründen zuhause lassen) und komme mir beinahe wie ein Schmarotzer vor.

Nach ein paar behaglichen Stunden mit reichlichem Lachen und regen Gesprächen heißt es dann leider schon wieder Abschied nehmen. Ich bedanke mich für die freundliche Aufnahme, sage „farvel" und beobachte dann von einem Felsen aus, wie das Grüppchen mit dem Motorboot abreist. Wofür ich gestern über drei Stunden gebraucht habe, kostet sie gerade mal eine Viertelstunde. Wieder allein, spüre ich die Leere, die sich nach einem Abschied unweigerlich breitmacht. Beim Gang zurück zu meinem Zelt spreche ich laut mit mir selbst und singe vor mich hin, um die plötzlich zunächst bedrückend wirkende Stille zu übertönen.

Ich begehe Hausfriedensbruch. Um in aller Ruhe und von den Mücken unbehelligt ein Weilchen Tagebuch schreiben zu können, erlaube ich mir Zutritt zu der Hütte der freundlichen Grönländer. Freilich nicht so mir nichts dir nichts, der Besitzer hatte es mir zuvor ja in Aussicht gestellt, die Unterkunft bei Bedarf zu nutzen und mir gezeigt, wo was zu finden sei. Merkwürdig ist das Gefühl, fremd und allein im verlassenen Wohnraum anderer Menschen zu stehen. Vorsichtig bewege ich mich etwas auf und ab, um mich schließlich auf dem Sofa niederzulassen und ein wenig zu schreiben. Trotz der Geborgenheit und Stille, die von der Hütte ausgehen, spüre ich innerlich eine zunehmende Unruhe. Ich will weiter paddeln, mich nach gerade einem Tag der Fahrt nicht länger von den Elementen aufhalten lassen. Doch die Dünung, die der gestrige kräftige Wind aufgebaut hatte, ist noch lange nicht abgeklungen – auch wenn meine geschützte Bucht ein anderes Bild vermittelt –, und ich möchte dem Vorsatz, den ich mir zu Beginn der Reise gefasst hatte, nämlich nur um eines Zeitplanes willen unter keinen Umständen etwas zu riskieren, nicht aufgeben.

Erst am späteren Abend wage ich mich mit dem vollbepackten Boot aus der kleinen Bucht aufs offene Fahrwasser hinaus. Dort empfängt mich aber eine immer noch äußerst respektable Dünung und beginnt mich kräftig zu beuteln. Auch der Wind aus Nordwest hat sich noch nicht gelegt und fordert mir für mein Fortkommen zusätzliche Anstrengung ab. Ununterbrochen wechselt die Richtung der Seen, die Küste und die zahlreichen Inseln und Schären reflektieren die einfallenden Wellen, die mich dann konfus von allen Seiten angreifen. Noch fehlen mir Übung, Erfahrung und die Fähigkeit, automatisch und unmerklich mit den Bewegungen des Bootes mitzugehen und sie auszubalancieren. Trotz aller Konzentration und verdrängter Furcht erwäge ich bald, umzudrehen und in meiner alten Bucht Schutz zu suchen. Doch die Wellen, die mich nach dem Wenden von hinten kommend unterrollen, sind noch wesentlich unangenehmer zu bewältigen, und schnell drehe ich den Bug wieder in den Wind und in die Hauptdünung. Ein paar Minuten treibe ich ratlos und entmutigt herum, bis ich endlich den Entschluss fasse, wenigstens bis zur nächsten Insel, die halbwegs zum Zelten geeignet ist, zu gelangen.

Nach nervenzehrendem Ritt und dem einen oder anderen Stoßgebet lande ich endlich in einer kleinen und weitgehend geschützten Bucht auf dunklem Kiesstrand an. Eine kurze Inspektion erklärt die nur ein paar hundert Meter lange Insel für – zumindest zeitweise – bewohnbar, und ich beginne mit dem Ausladen und dem Aufbau meines Lagers. Jetzt bin ich also Robinson Crusoe. Außer mir gibt es lediglich eine große Menge krakeelender Möwen, aus ein paar Tümpeln lässt sich recht abgestandenes Regenwasser – mit reichlich bemessener Einlage in Form von unzähligen Mückenlarven beziehungsweise deren leeren Panzern – schöpfen und etwas Treibholz am Ufer würde sogar ein Feuerchen ermöglichen. So isoliert habe ich mich wohl nur selten gefühlt. Um mich herum nur wabernde, in der späten Abendsonne glitzernde See und rauschender Wind, der flüsternd über die nackten Felsen streicht. Dazu die krächzenden Vögel, begrenzte Wasservorräte und im Falle eines echten Unwetters kaum Schutz vor den Elementen. Noch eine Reihe schlechter Paddeltage, und ich säße fest. Gleichzeitig aber fühle ich mich wie ein kleiner, glücklicher Herrscher über ein winziges Land: es ist *meine* Insel, *meine* Bucht und *mein* Hügel, und würden die geierhaften Möwen nicht von ihrer Freiheit Gebrauch machen und sich von Zeit zu Zeit auf die umliegenden Schären absetzen, zählte ich auch sie noch zu meinem Besitz. Zum Zeichen meiner Annexion des Eilandes errichte ich auf dessen höchster Erhebung eine – allerdings nur mäßig eindrucksvolle – Warte aus Steinen; der Drang, Spuren zu hinterlassen, äußert sich ganz instinktiv.

Über Nacht hat sich der Wellengang gelegt. Stattdessen hüllt jetzt dichter Nebel meine Umgebung in undurchsichtige Schleier; es herrscht vollkommene Stille. Auf Karte und Kompass vertrauend, reiße ich mich dennoch los von meinem Unterschlupf – und habe mich, wie beinahe zu erwarten war, recht bald im Gewirr der Schären und kleinen Inseln verfranst. Ich scheine mich ein wenig zu weit östlich gehalten zu haben, denn bereits nach ein paar Kilometern rücken die erwarteten Felsbuckel näher und näher zusammen, bis sie miteinander verschmelzen und sich als festes Ufer entpuppen. Also Kehrtwende und wieder hinein in den Nebel, mehr nach Westen halten und auf offenes Wasser hoffen. Bisweilen fühle ich mich von den dunklen Kuppen mit den rauen Umrissen argwöhnisch beobachtet, beinahe ausgelacht. Als triebe der Schärengarten ein neckisches Versteckspiel mit mir, treten die nackten Inseln, ehe ich sie auch nur annähernd auf der ungenauen Karte lokalisieren kann, so plötzlich hinter den Vorhang zurück, wie sie kurz zuvor dahinter aufgetaucht waren. Dann schält sich unerwartet die nächste Silhouette aus dem Grau, wieder ziehe ich die Karte hervor, abermals vergeblich, denn eine genaue Ortsbestimmung ist einfach nicht möglich.

Schließlich kümmere ich mich nicht länger um diesen undurchsichtigen Parcours und verfolge blind den Kompasskurs, von dessen grober Richtigkeit ich fest überzeugt bin. Mit einem Schlag dann, wie zum Auftakt einer Theatervorstellung, lichtet sich der Nebeldunst vollständig. Ich habe freie Sicht auf Meer und Küste, und die eben noch spiegelglatte See wird rauer. Der dazugehörige Wind aus Südwest drückt mich merklich vorwärts, und schneller als erwartet öffnet sich querab die steilwandige Mündung des Nordre Isortoq. Um der starken Tidenströmung auszuweichen, setze ich, tatsächlich ohne bemerkenswert abgetrieben zu werden, möglichst genau während des Gezeitenwechsels über. Schlagartig haben mich kurz darauf abermals dichte Nebelschwaden verschluckt. Auch die See ist wieder spiegelglatt; in märchenhafter Stille und Einsamkeit gleite ich mit ruhigen Paddelschlägen ins Nirgendwo.

Mehr und mehr beginnt mein Gesäß zu schmerzen. Wie ich auch versuche, mich zu setzen, mal kerzengerade und mit aufrechtem Rücken, mal zusammengesunken und lässig, nach kurzer Zeit schon meine ich, es nicht länger sitzend auszuhalten. Auch die Arme werden langsam müde; es wird einfach Zeit anzulanden. Eine kleine Bucht wartet mit einem idyllischen Plätzchen auf, und kaum dem Boot entstiegen, sind zunächst wieder die Bergung von Gepäck und Boot, das Einrichten des Lagerplatzes und Wasserholen angesagt, ehe ich mir eine Ruhepause gönne. Nach mitternächtlichem Abendessen raffe ich mich müde zum Abspülen und Zähneputzen auf und entschlüpfe dem schützenden Zelt. Draußen ist es mittlerweile unangenehm kalt geworden, das Thermometer ist unter den Gefrierpunkt gefallen, dazu wabert eiskalter Nebel über Land und Meer und durchnässt alles, was frei herumliegt. Ich friere bei dieser Witterung wie ein Schneider und muss auch im Schlafsack noch eine Weile warten, ehe sich wohlige Wärme ausbreitet.

Glatt wie Öl breitet sich die See vor mir aus, genauso wie auf Bildern eines Reiseprospektes, in dem vor grellweißer Kulisse grönländische Kajakfahrer abgebildet sind. Trotz der Idylle meines Lagerplatzes muss ich mich losreißen, um die Idealbedingungen des heutigen Tages zur Weiterfahrt zu nutzen, und lasse bald das Boot zu Wasser. Vorzeitliche Stille liegt über dem Meer, das der Bug plätschernd durchschneidet. Außer dem rhythmischen Gurgeln der Paddelschläge und dem Trommeln der Tropfen, die vom Paddelschaft auf Verdeck und Spritzdecke regnen, dringen nur einige wenige dumpfe Gewehrschüsse zu mir vor; weiter draußen auf dem Meer scheint man bei der Robbenjagd zu sein. Doch so angestrengt ich auch durchs Fernglas spähe, kein einziges Boot lässt sich ausmachen, keine Menschenseele ist zu sehen. Es ist ein unbeschreibliches Gefühl, vollkommen allein und in großer Stille über glattes, weites Meer zu fahren. Es ist wie im Märchen, wie der Vorstoß in eine Welt, in einen unermesslichen Freiraum hinein, der sich mir als erstem Menschen zu offenbaren scheint. Wohin ich auch blicke, überall wartet gänzlich Unbekanntes auf seine Entdeckung, locken neue Ufer zur Erkundung. Gleichzeitig verspüre ich einen leichten Sog, weiter hinaus auf das offene, stille Meer zu paddeln, dem Horizont entgegen. Wer weiß, was mich dort erwartet? Vielleicht träfe ich ja endlich einen einsamen, neugierigen Wal.

Nicht lange dauert es, da meldet sich, wie bereits gestern, mein Hintern zu Wort und bittet um eine Pause nach der langen Anstrengung. Der Gezeitenwechsel, währenddessen ich die düsenartige Mündung des Nordre Strømfjords überqueren möchte, steht gemäß der Tabelle allerdings kurz bevor, so dass ich auf keinen Fall auf die Forderung meines Gesäßes nach Erholung eingehen kann und meinen Kurs fortsetze. Immer die äußerste Insel der Fjordmündung im Visier, paddle ich drauflos und ziehe richtig kräftig durch, um diese tückische Überfahrt in möglichst kurzer Zeit hinter mich zu bringen. Zu lange dauert es, bis ich selbst erfahre, was ich mir allerdings ohnehin hätte denken können: Der hinterhältige Aspekt einer Meeresströmung ist ja der, dass man sie, ohne einen Fixpunkt zur Orientierung zu haben, schlichtweg nicht bemerkt – schließlich fährt man ja auf ihr mit, spürt weder Widerstand noch helfenden Schub. Das anvisierte Ziel rückt und rückt einfach nicht näher, mag ich mich auch noch so hart ins Zeug legen. Ein klärender Blick zurück offenbart mir schließlich meinen Leichtsinn, weder genauer auf die Küste und auffallende Landmarken noch auf die Kompassrichtung zum angepeilten Ziel geachtet zu haben. Achteraus liegt schon lange kein Ufer mehr, sondern nur Wasser. Mehrere Kilometer hat mich die gewaltige Gezeitenströmung auf das offene Meer hinausgetrieben, ohne dass ich auch nur das Geringste davon gemerkt hätte. Verärgert über meine Dummheit und meinen Leichtsinn ändere ich schlagartig den Kurs und halte beinahe direkt in die Fjordmündung hinein. Endlos langsam komme ich mir vor, das Ziel scheint zunächst, trotz aller Anstrengungen, in immer größere Ferne zu rücken. Ich versuche, einfach an nichts zu denken, richte stupide meinen Blick auf den Bug des Bootes, schiele gelegentlich nach der Küste und zähle mir selber den Takt für die Paddelschläge vor. Langsam wächst die Kulisse meiner anvisierten Insel, Konturen werden schärfer, ich scheine gegen die Strömung anzukommen. Nach ermüdendem, fast hektischem Paddeln kann ich endlich auf die Insel zuschwenken.

Meinem Sitzfleisch kommt es wie eine Erlösung vor, als sich endlich eine enge Bucht auf der kleinen Insel zeigt. Sofort drehe ich bei und lasse das Boot vorsichtig auf glatten, glitschigen Felsbrocken auflaufen. Einige schlitternde, stolpernde Schritte durch eisiges Wasser, und ich kann mir endlich die Beine auf Kies und Grus vertreten. Ein paar gefüllte Hände voller Müsli, etwas Brot und Schokolade stärken mich für die Weiterfahrt. Zum Trinken muss ich mich beinahe zwingen; nur selten verspüre ich echten Durst, weiß aber, dass meine Flüssigkeitsaufnahme nicht zu kurz kommen darf.

Bei einem Orientierungsversuch mit Hilfe von Karte, Kompass und Feldstecher werde ich abermals Opfer der Perspektive. Obwohl ich auf einen kleinen Hügel gestiegen bin und mich dadurch ein wenig über die sonst übliche Augenhöhe erheben kann, ist es mir partout nicht möglich, die Landschaftsformen sicher mit der Karte in Einklang zu bringen. Auf die Distanz besitzt die Landschaft einfach keine Tiefe, alles rutscht eng zusammen.

Inseln, die tatsächlich beträchtlich vom nächsten Ufer entfernt liegen, scheinen sich an dieses zu schmiegen, schmale Kaps und Landzungen, die auf den Beobachter zulaufen, heben sich von der Küste in ihrem Hintergrund nicht ab, alles bildet anscheinend eine gerade Linie. Ziehe ich mein scharf abbildendes Fernglas hinzu, lassen sich zwar ein paar mehr Details in der Landschaft ausmachen, doch wird die Kulissenhaftigkeit nur weiter verstärkt. Auch Kompasspeilungen, wenn nicht auf den Grad genau vorgenommen, führen mich in meinem Bestreben nach Orientierung kaum weiter. So bleiben die Vergleiche des Geländes mit der Karte zu einem erheblichen Teil nur Mutmaßungen und Schätzungen, was sich während der Weiterfahrt auch immer wieder bestätigen soll.

Endlich passiere ich meinen ersten Eisberg auf dieser Fahrt. Wie ein Gruß aus nördlicheren Gefilden liegt er einsam und still im dunklen Wasser. Die Bezeichnung „Berg" ist freilich geschmeichelt, sowohl objektiv gesehen als auch verglichen mit den echten Riesen, die in der Diskobucht noch auf mich warten. Aber immerhin, ein echter Eisbrocken, vielleicht so groß wie ein bescheidenes Einfamilienhaus, liegt direkt auf meinem Kurs, leuchtet in der fahlen Sonne und reizt zur näheren Inspektion. Zögernd nähere ich mich dem Klotz, die Kamera für die ein oder andere nette Detailaufnahme gezückt. Wie eine schnuppernde Nase schiebt sich der Bug auf das weiße Ding zu, ehe ich mich auf den allgemeinen Ratschlag besinne, sich grundsätzlich von allen Eisbergen – und zwar auch von den eher kleinen – fernzuhalten.

Nach abwägendem Hin und Her siegt schließlich die Vorsicht über den Reiz des Verbotenen, und ich ziehe es vor, meinen Weg fortzusetzen. Kaum liegt der Eisbrocken achteraus im Kielwasser, ertönt eine Art Singen, darauf ein dumpfes Dröhnen und die weiße Masse zerbirst. Ein Teil bricht ab und landet tosend im Wasser, worauf das gesamte Stück sein Gleichgewicht verliert, kippt, sich dabei in größere und kleinere Einzelteile zerlegend. Von diesem Geschehnis beunruhigt, zugleich aber auch erleichtert über meine soeben gefällte Entscheidung, erwarte ich die anrollende Welle. Ruhig paddle ich weiter, gelegentlich einen vorsichtigen Blick zurück werfend. Dann rollt die Dünung von achtern heran. Lang gedehnte Wellen, die weit davon entfernt sind, sich zu brechen, heben mich sanft empor und setzen mich ebenso ruhig wieder ab. Einige Male wiederholt sich dieses wiegende Schaukelspiel, dann kehrt Ruhe ein. So wenig eindrucksvoll und gefährlich dieses Erlebnis vorerst war, so gut eignet es sich doch dazu, mir einen winzigen Vorgeschmack darauf zu geben, was in der Disko-Bucht zumindest passieren kann, wenn ein wahrer Koloss seine Ruhelage verlieren sollte.

Zum wiederholten Mal weht ein steifer Wind aus Nord, der über Nacht kräftigen Wellengang aufgebaut hat, abermals raten weiße Schaumkronen draußen auf dem Wasser dazu, die Fahrt vorerst auszusetzen und lieber der Bummelei zu frönen – was angesichts des strahlenden Sonnenscheins und der inaktiven Moskitos nicht gerade schwer fällt. Mein Fischzug soll heute ziemlich erfolglos bleiben, lediglich Dorsche von mäßiger Größe interessieren sich für den Köder. Irgendwann ringe ich mich durch, mich mit ihnen zu begnügen, und wähle sie zum Mittagessen aus. Meine Fähigkeiten in der Kunst des Filetierens bedürfen nach wie vor einer Verfeinerung, denn erst nach langwierigem Geschnipsel liegen die bescheidenen Filets in der Pfanne. Dennoch freue ich mich natürlich über jede willkommene Abwechslung auf dem recht eintönigen Speiseplan. Ein späterer Streifzug in die Umgebung eröffnet mir Einblicke in zwei durchaus interessante geologische Erscheinungen. Zum einen findet sich hier am Strand Sand von knallrosa Farbe, so unnatürlich, dass ich bereits gestern vom Meer aus beinahe befürchtet hatte, am Ufer die traurigen Relikte eines Chemieunfalls vorzufinden. Doch schnell klärt sich der Grund für das ungewöhnliche Farbenspiel am Ufer: die Gegend ist reich an einem Gneis beziehungsweise Glimmerschiefer, der große Anteile des Minerals Granat enthält. Das lagige Gestein verwittert hier ziemlich rasch und zersetzt sich in seine Bestandteile, wobei die Granate zu himbeerfarbenen Partikeln zerfallen. In Nachbarschaft zum weißen Quarzsand und den grünen, strandhaferähnlichen Halmen, die hier munter sprießen, ergibt sich eine ausgesprochen ungewöhnliche Farbkombination.

Das andere Phänomen, das sofort meine Aufmerksamkeit auf sich zieht, ist die überdeutlich hervortretende räumliche Ausrichtung – das Streichen, wie es so schön heißt – der Gesteinseinheiten eines uralten Gebirgszuges. Frei von jeglicher höheren Vegetation, lässt sich die Richtung der Strukturen in Form von langgestreckten Hügelketten mit dazwischen liegenden, ebenso langen Tälern über viele Kilometer verfolgen. Die schnurgeraden Linien in der offenen Landschaft sind für jeden Geowissenschaftler eine Augenweide. Auch im kleinräumigen Maßstab lässt sich dieses Muster wunderbar nachvollziehen, nämlich dann, wenn die Schieferungs- und Trennflächen der Gneise steil aufragen und das Gestein in just eben dieser Richtung auch auf kleinem Raum entweder herauspräpariert oder ausgeräumt ist. Die Schieferplatten ähneln auf diese Weise einem künstlichen Arrangement von Sperrholztafeln, die ein Freiluftbildhauer in den Boden eingepflanzt hat. Beim Anblick dieser Formationen bin ich wieder einmal äußerst froh darüber, das denkbar schönste Fach – die Geologie – studiert haben zu dürfen. Denn wo man auch geht und steht, wo immer der Blick hinschweift oder sich durch den Feldstecher hinreckt: überall finden sich unzählige Anhaltspunkte über Vorgänge in der Natur, über Kräfte und Gewalten, die mal stark und schnell, mal unmerklich und langsam wirken, und vor allem über die unbegreifliche Dimension der Zeit, die für diese Vorgänge in der Natur nötig ist, nachzusinnen. Und wie viele Aspekte und Beispiele für den unendlichen Einfallsreichtum der großen Künstlerin Natur eröffnen sich einem erst auf der Suche nach Phänomenen und Prozessen! Ganz in der Nähe liegt, als ob zu dieser Collage gehörig, ein mächtiger Walwirbel, eingebettet in das Geröll am Strand. Er misst wohl knapp dreißig Zentimeter im Durchmesser und gäbe ohne Zweifel einen brauchbaren Hocker ab – dazu zweifelsohne mit einem gewissen Stil. In Anbetracht der ohnehin übervollen Gepäckräume meines Kajaks lasse ich jedoch das exotische Stück liegen – vielleicht werden ja einmal andere Freude daran haben.

Abends kommen dann die gemütlichsten Stunden des Tages. Ich habe Treibholz und vertrockneten Tang gesammelt und richte mich an einem kleinen Lagerfeuer gemütlich ein. Der Tang brennt nur mit Unterstützung durch die zerbrochenen Latten, knistert aber geheimnisvoll, wirft Blasen, die mit schnalzendem Laut zerplatzen und schickt weiße, schwere Rauchschwaden über den Strand. Der rußige Teekessel summt und rauscht vor sich hin, und bald wärmt mich schwach nach Rauch schmeckender Tee angenehm von innen. Die Sonne blinzelt gerade noch über den kleinen Hügel zu meiner Rechten und taucht Teile des Strandes in warmes, goldenes Licht. Die Nordflanke des Höhenzuges zur Linken erwidert ihren Gruß und umgibt sich mit fahlem Glanz. Einen Steinwurf weit entfernt liegt ein alter, rostiger Bootstank im Sand und trägt mit feuerrotem Schein, den kein Tageslicht erzeugen könnte, zum Zauber der Szenerie bei. Umgeben von andächtiger Stille und dem Gefühl von wirklicher Freiheit in diesem Augenblick, sitze ich im kühlen Schatten, den der kleine Hügel auf mich wirft, und fülle weitere Seiten meines Tagebuchs. Während ich so vor mich hinsinniere, beginne ich auch langsam, meine ursprünglichen Pläne von 1000 km Kajakfahrt entlang der Küste und bis tief in die Fjorde hinein in zunehmend kritischem Lichte zu sehen.

Zwar ließen sich die kalkulierten Tagesetappen von 25 bis 30 Kilometern bisher gut bewerkstelligen, doch wird das Verhältnis von Reise- zu erzwungenen Ruhetagen nahezu ausgeglichen – ganz zugunsten von zeitloser Bummelei und kleinen Erkundungsausflügen ohne klares Ziel. Und entsprechende Vorsicht hinsichtlich der Witterung vorausgesetzt, wird es sich wohl kaum bedeutend in Richtung Weiterführung der Strecke verschieben. Ich frage mich, ob ich lieber nicht doch einfach mehr riskieren könnte, Wind und Wellen schlichtweg weniger beachten, neutral sehen und einfach ausprobieren sollte, was tatsächlich möglich ist? Blödsinn, durchfährt es mich, es gibt keinen Grund, sich etwas zu beweisen, die Zeit drängt noch lange nicht, und letztendlich gibt es, vom Seegang einmal ganz abgesehen, überhaupt kein Vorwärtskommen gegen die steife Brise. Geduld und die Bereitschaft zu warten, zwei elementare Gesichtspunkte auf einer langen Reise durch ursprüngliche Natur und dieser weitgehend schutzlos preisgegeben, muss ich noch stärker an mir schulen. Ich muss einfach lernen, von dem durch Schnelligkeit, Hast und Ungeduld geprägten Zeitgefühl des Lebens zu Hause, vom Denken und Planen in Stunden und einigen Tagen abzukommen, meine Aufmerksamkeit mehr auf die gesamte Reisedauer zu lenken, die vielen Wochen, die mir zur Verfügung stehen, und schlichtweg ausharren, wenn das Wetter als höhere Gewalt dies erfordert.

Die anderntags spätabendliche Fahrt durch den Ikerassarssuk, einen schmalen, beinahe küstenparallelen engen Sund, verläuft eintönig. Grauer Himmel über, dunkles Wasser – durch das gelegentlich farblose Quallen schweben – unter mir. Leichter Sprühregen fällt. Welch mystische Stimmung, ganz im Gegensatz zum friedlichen und freundlichen Abend gestern. Stumm und düster flankieren dunkle Felswände den natürlichen Kanal, wirken bedrohlich, ganz so, als ob sie im nächsten Augenblick zusammenrücken und mich kleinen Bootsfahrer einschließen wollten. Von Zeit zu Zeit locken Verebnungen in der rauen Landschaft zum Lageraufbau und zum Bleiben, doch ich möchte den Paddeltag noch nicht abschließen und setze den Kurs durch den düsteren Sund fort. An seinem Ende werde ich bei der Zeltplatzsuche dann leider stark enttäuscht – wo ich auch anlande und aussteige, finde ich nur nassen und buckeligen Boden vor.

Erneut wird klar, wie sinnlos es eigentlich ist, sich bei der Lagerplatzsuche am offiziellen Kartenwerk mit einer Äquidistanz von 50 Metern zu orientieren. Was heißt hier schon eben? Trotz der fehlenden Höhenlinien ist es überall steil oder zumindest stark abschüssig und verspricht alles andere als eine erholsame Nachtruhe. Und da ich an meine Zeltplätze stets recht hohe Ansprüche stelle, nehme ich weitere, frustrierende Sucherei in Kauf. In der letzten Bucht vor dem offenen Meer hüllt mich dichter Nebel ein und unterbindet jetzt jedwede Ausschau nach Stränden oder kleinen Ebenen. Wie blind paddle ich ziel- und lustlos umher, habe mittlerweile jede genauere Orientierung verloren und beinahe die Hoffnung auf ein nettes Plätzchen aufgegeben. Kehrtwende oder weiter die Küste entlang, trotz Waschküche und Müdigkeit? Nein, lieber will ich mich heute ausnahmsweise mit weniger zufrieden geben und entschließe mich, den bisher unwirtlichsten Zeltplatz der Reise zu beziehen. Die Umgebung ist beinahe ausnahmslos sumpfig oder nass, unter den Schritten gurgelt der Buckeltorf, gerade einmal knappe zwei Quadratmeter bieten mir eine für eine Nacht annehmbare Liegefläche.

Mittlerweile hat sich der Nebel wieder zum Sprühregen gesteigert und durchnässt alles, was für kurze Zeit ungeschützt herumliegt. Ich friere und fühle mich äußerst unbehaglich in meiner Haut, während ich das Boot an Land bringe und versorge, die vielen Einzelteile zu meinem Platz schleppe und meine kleine Behausung aufschlage. Erst die wohlverdiente Tasse Kräutertee ist in der Lage, meine Stimmung wieder anzuheben. Wie die schmeckt, die eigene Mischung mit viel wohltuendem Salbei! Vergessen ist das langwierige Herumirren, akzeptiert der lausige Ort. Das Abendessen lasse ich ausfallen, begnüge mich mit ein paar Keksen, etwas Schokolade sowie einer Trockenbirne und krieche um halb sechs Uhr morgens in den Schlafsack. Noch eine Weile dringt das unaufhörliche Warngebell einer Füchsin zu mir vor, das schon meine ganze Anwesenheit hier begleitet und meine Nerven gehörig strapaziert, bevor mich endlich tiefer Schlaf überkommt.

Nach tiefem Schlaf bis in die Mittagsstunden hinein wird mir heute wieder ein besonders schöner Paddeltag zuteil. Auch nachdem ich die schützende Bucht verlassen habe, wartet draußen ruhiges, wie Öl anmutendes Meer auf mich. Die Sonne streichelt mir warm über die Haut, und ein leises Lüftchen sorgt für etwas Kühlung, während ich zügig der kleinen, von zahllosen Inseln umlagerten Ortschaft Attu (Agto) entgegenpaddle. Mehrmals beobachtet mich eine neugierige Robbe aus ihren dunklen Augen und schiebt sich keck weit aus dem Wasser, um einen kleinen Rundblick vorzunehmen. Doch all meine Versuche, ein solches Tier näher heranzulocken, scheitern. Trotz aller Neugierde lässt mich keines der Tiere auf annehmbare Distanz, aus der heraus sich ein gutes Foto schießen lassen könnte, an sich herankommen. Jedesmal sind die Robben im Nu wieder im Dunkel abgetaucht, und wären da nicht die Ringe auf dem Wasser, die von dem kurzen Besuch zeugten, könnte man diese stillen Begegnungen tatsächlich für eine Täuschung halten. Stetig nimmt die Anzahl und die Größe der Eisberge auf meinem Weg zur Diskobucht zu, die Szenerie entspricht immer mehr meinem Bild von Grönland. Im diffusen Schein der späten Abendsonne, der von ein paar dünnen Wolken gedämpft wird, glänzt das Eis in merkwürdig intensiver Blässe. Seine Farbe changiert zwischen Weiß und Blau, schimmert in einem farbig anmutenden Grau. Der matte Eisschimmer im sommerlichen Licht zwischen Tag und Nacht entzieht sich der Beschreibung durch Worte. Abermals kribbelt es mir unter der Haut, mich den Kolossen doch zu nähern, um sie genauer betrachten zu können. Doch die Vernunft schaltet sich zur Vorsicht mahnend ein und lässt mich widerstehen.

Attu ist ein kleines Nest und besteht – wie alle seine Schwestergemeinden – aus einer Ansammlung bunter Holzhäuschen, die sich auf felsigem Grund verteilen, einer Kirche, einem Laden und einem kleinen Hafen. Alles wirkt auf mich etwas schlampig, viel Abfall umsäumt Häuser und Wege, dazu dösen auch hier verwahrlost anmutende Köter in der Sonne und verbreiten ihren unangenehmen Geruch nach Kot und Urin. Auch wenn ein Tourist – und einer, der per eigenem Boot dahergekommen ist, wohl erst recht – hier als Exot, oder zumindest als äußerst seltene Erscheinung gelten dürfte, nimmt man mich kaum wahr, als ich durch die Siedlung schlendere. Ein paar Erwachsene grüßen freundlich zurück, ein Haufen Kinder tollt kurz um mich herum, krakeelend und lachend. Aber keiner der Bewohner spricht mich an. Eigentlich kann mir das nur recht sein, schließlich bin ich ungern Mittelpunkt des allgemeinen Interesses und werde wohl in Zukunft noch häufig genug darüber Auskunft geben müssen, was mich hierher getrieben hat und was meine Pläne und Ziele sind.

Im Laden erstehe ich das Wichtigste für die Weiterfahrt, dazu frische Äpfel (die natürlich so frisch nicht sein können) und ein Eis. Eis wird – ähnlich wie in Skandinavien – von fast jedem gerne geschleckt, ungeachtet des Wetters oder der Temperatur, und ist, wie sich im Zuge der Fahrt erweisen wird, wirklich beinahe überall zu haben. In der Sonne an der frischen Luft sitzend, genieße ich diese unerwartete Spezerei, während kleine Kinder im Staub tollen und ebenfalls Eis schlecken, von dem sie sich wiederholt Nachschub holen. Außerdem habe ich einen Pfeifentabak erstanden, der günstig angeboten wurde. Er ist aber so grob geschnitten, dass er sich von meinen ohnehin ungeübten Fingern nur unter Aufbietung voller Konzentration, Zeit und Geduld in Zigarettenpapier schlagen lässt. Danach habe ich das zweifelhafte Vergnügen, durch kräftiges Ziehen an der Kippe den Rauch in mich einzusaugen und wieder herauszupaffen. So richtig brennen will das Ganze auch nicht, denn vergesse ich regelmäßig ordentlich zu paffen, verlöscht das bisschen Glut, und ich muss mir erneut Feuer geben.

Heute will ich den Versuch der Schleppfischerei unternehmen. Dazu wähle ich die kurze Rute, mit der auch im Boot noch relativ angenehm zu hantieren ist, befestige sie in der Paddelhalterung und lasse den Blinker ab. Mit geöffnetem Rollenbügel fahre ich los, immer mehr Schnur gebend, bis das glitzernde Metallstückchen weit hinter mir herwackelt. Doch kein hysterisches Kreischen der Bremse oder aufgeregtes Rucken in der Rute sorgen für Spannung, weder Lachs noch Saibling interessieren sich für den Köder. Ein kräftiger Dorsch bleibt mein einziger Fang, doch ziehe ich es vor, ihm die Freiheit zu schenken. Bald jedoch vergällt mir beim Einholen immer neuer Schnursalat die Freude an dieser Art des Fischens und ich lasse die Spielerei lieber sein. Die Leine verwindet sich stark und wird dadurch gänzlich unbrauchbar, dass mir letztendlich nur die Wahl bleibt, viele Meter zu kappen.

Anderthalb Stunden vor der nächsten Siedlung, Ikerasârssuk, beginnt es dann, sich einzuregnen – kein Nieselregen, aber auch keine Sturzbäche. Das Wetter kann sich recht schnell ändern – vor wenigen Stunden nur glitt ich schließlich über sonnenbeschienenes Wasser. Die unbestimmbaren Flecken voraus nehmen mehr und mehr Kontur und Farbe an, werden zu klaren Umrissen von bunten Häusern – bald habe ich wieder eine Etappe zurückgelegt. Doch die dem Ort vorgelagerte Insel, die ich zwecks Übernachtung anpeile, ist leider nicht unbewohnt, vielmehr taucht kurz vor meinem Anlandeversuch eine ganze Meute Hunde aus dem Nichts auf und beäugt mich aufmerksam mit zwielichtigem Interesse. Schon eilen die ersten zum Ufer hinab, und schlagartig überkommt mich ein Gefühl von Unsicherheit und großem Unbehagen. Dieselbe Vernachlässigung in der Fütterung vorausgesetzt wie in Sisimiut gesehen, dürften ihre Mägen sicherlich ordentlich knurren – ein Zustand, der diese Tiere unberechenbar werden lässt. Um von ihnen im Sommer nicht weiter belästigt zu werden, schaffen die Einheimischen ihre Zugtiere schlichtweg auf kleine Inseln oder Schären, wo sie, sich selbst überlassen, nur gelegentlich und dann unzureichend gefüttert werden. Vollkommen ausgeschlossen, dass ich mit ihnen meinen Lagerplatz teilen könnte, da mag man noch so tierlieb sein und der Regen noch so zunehmen, auf dieses Stückchen Land setze ich keinen Fuß!

Das nächste Ziel, ein kleines und idyllisch anmutendes Tal mit einem kleinen See, ist bei näherer Betrachtung völlig morastig und wurde nebenher anscheinend einmal als wilde Müllkippe genutzt. An ein Lager ist auch hier nicht zu denken. Der dritte Platz, den ich voller Hoffnung auf baldige Trockenheit anlaufe, ist ebenfalls alles andere als gastlich, Torfboden, weich und nass wie ein triefender Schwamm, in dem man mit jedem Schritt mindestens zwanzig Zentimeter einsinkt, lässt erst überhaupt keinen ernsten Gedanken an Campieren aufkommen. Langsam habe ich die leidige Suche im stetig zunehmenden Regen satt, das Aus- und Wiedereinsteigen ins enge Boot, währenddessen sich das Wasser in meinen Neoprensocken jedesmal austauscht und die Füße bald erbärmlich frieren lässt. Schon sehe ich mich zur Kreuzung des nächsten Sundes gezwungen, als sich zu guter Letzt doch noch eine kleine Bucht mit sandigem Strand und einer ebenen Terrasse einladend auftut. Sofort drehe ich bei, und knirschend schiebt sich der Bug aufs Ufer. Augenblicklich haben mich die Moskitos ins Visier genommen; das Ausladen und der Zeltaufbau geschehen unter ihren heftigen Attacken. In rascher Erkenntnis, dass kein Fuchteln und kein Zappeln und schon gar nicht heftiges Fluchen Abhilfe schaffen, gebe ich mich den tanzenden Plagegeistern hin und versuche eisern, sie schlichtweg zu ignorieren.

Nach langem Geräume und ungezählten Wutausbrüchen und -schreien habe ich es schließlich doch geschafft, habe mich aus den widerlich nassen Sachen herausgeschält und sitze mit trockener Wechselhose im Zelt und schlürfe den obligatorischen Tee. In der Apsis aber türmt sich das triefende Material, nasse Packsäcke zur Rechten, noch nassere Bergstiefel, Hose und die tropfende Jacke zur Linken. Kocher, Wassersack und Brennstoff versperren mir beinahe den Weg nach draußen. Wird mein geliebtes „Nallo" jetzt sogar schon einer Person zu klein? Mit einem gewissen Grauen male ich mir aus, in dieser Situation zu zweit zu sein, eng in das kleine Zelt gepfercht, mit doppeltem, störenden Gepäck in allen Ecken und mit sichtlich gedämpfter Stimmung und gesteigerter Gereiztheit. Trotz aller erbaulichen Wirkung, die ein angenehmer Reisepartner hat: Momentan bin ich – allein aus praktischen Gründen – lieber allein.

Aber trotz allen Regenwetters, allen Drecks und der langsamen, aber stetigen Verwahrlosung: das Schlimmste sind und bleiben die Mücken. Ihre Plage ist bisweilen so demoralisierend, dass ich ihnen jegliches Tief in meiner Gemütsverfassung zuschreibe. Gar nicht einmal der Umstand, dass sie stechen, ist das ausschlaggebende Kriterium für meine Abscheu. Ihre bloße Anwesenheit, ihr penetrantes Gesumme und Gekitzel sind in der Lage, wahre Phobien auszulösen. Und zu allem Überfluss sagen mir Vernunft und Erfahrung, dass jegliche Hoffnung auf Besserung beinahe vergeblich ist. Es wäre absurd, zu meinen, dass man, ähnlich dem wiederkehrenden Sonnenschein nach einer lang andauernden Regenperiode, eines schönen Morgens den Kopf zur Zeltapsis heraussteckt und nicht von den Schwärmen begrüßt wird. Nein, solange keine steife Brise für ein Flugverbot sorgt, ist die Gegenwart der Moskitos die einzige Sicherheit, die sich dem Grönlandreisenden im Hochsommer bietet. Voller Sehnsucht erwartet auch der Liebhaber der

Wärme die Nacht, in der sich zum ersten Mal Frost über das Land legt und die Tundra mit schimmerndem Reif überzieht. Dann stirbt die Plage wörtlich wie die Fliegen, und die Natur wartet mit den schönsten Tagen und Wochen des Sommers auf. Im Gegensatz zum Inland sorgt in Seenähe jedoch das Wasser für starken Temperaturausgleich zwischen Tag und Nacht und ermöglicht den Mückenschwärmen eine deutlich längere Zeit der Aktivität. Somit hilft mir nur geduldiges Ertragen.

Im Zuge der Weiterfahrt nach Norden, der Diskobucht entgegen, hat mittlerweile das Eis zugenommen, Eisberge sind schon länger keine Seltenheit mehr. Auffallender ist jedoch die plötzlich an Vielfalt zunehmende Tierwelt. Zwar habe ich bislang noch keinen Wal zu Gesicht bekommen, Robben hingegen zeigen sich jetzt öfter, stecken ihr lustig dreinblickendes Gesicht aus dem dunklen Wasser und scheinen mich frech anzugrinsen. Auch auf Füchse treffe ich mehrere Male, letztens hat mich das nächtliche, kaum enden wollende Warngebell einer Fähe beinahe die Nerven und den Schlaf gekostet. Weit stärker aber erregen mit einem Mal die Vögel meine Aufmerksamkeit. Abgesehen von krächzenden Möwen und einigen scheuen Teisten konnte ich nur wenige weitere Arten der gefiederten Freunde sichten. Wie auf Kommando streifen nun aber die behenden Eissturmvögel lautlos über die Wasseroberfläche, eilen kleine Schwärme von Küstenseeschwalben unter gellenden Schreien über mich hinweg und zieht sogar gelegentlich die eine oder andere Große Raubmöwe dunkel und unheilvoll, auf leichte Beute wartend, am verhangenen Himmel ihre Bahnen – ein echter Geier des Nordens.

In Kangaatsiaq, einem Küstenort, der sich von Attu lediglich durch seine höhere Einwohnerzahl unterscheidet, erwartet mich auf dem Postamt ein postlagernder Brief, den meine Freundin bereits vor zwei Wochen hierher geschickt hatte. Die bekannte Schrift und der gewohnte Ausdruck bringen sie mir so nahe, lenken meine Gedanken für eine halbe Stunde nach Hause, zu ihr, in den warmen Sommer mit Biergartenwetter in vertrauter Umgebung. Auch wenn der Brief nur von alltäglichen Begebenheiten berichtet, lese ich die Zeilen viele Male, geben sie mir doch für kurze Zeit das Gefühl, nicht alleine zu sein. Auch stocke ich meine Vorräte wieder mit dem Nötigsten auf, leiste mir sogar eine Tüte Milch, ein ganzes Eimerchen Marmelade und einen Fertigkuchen aus Deutschland mit voll ausgeprägtem Industriegeschmack. Eigentlich widerlich und nur süß, doch während diesen eher mageren Zeiten eine willkommene Abwechslung zum Diktat des langweiligen Rucksackfraßes.

Auch am nächsten Morgen hält der Regen an. Später gesellt sich dichter, wabernder Nebel hinzu; beides hält mich an meinem Platz fest. Um mir die Zeit auf andere Weise als mit dem üblichen mehr oder weniger erfolgreichen Lösen von „Zeit"-Kreuzworträtseln zu vertreiben, verfalle ich nach einem kleinen Spaziergang einem zweifelhaften Ordnungswahn und beginne aus kaum erfindlichen Gründen, den Strand meiner kleinen Bucht wenigstens ansatzweise aufzuräumen. Wind und Wellen haben eine Menge Müll und Unrat ans Ufer geworfen und dieses übel verdreckt. Ohne weiter über Sinn oder Unsinn dieser Aktion nachzudenken, habe ich bald mit etwas Treibholz ein Feuer entfacht, und Plastikplanen, Tüten, alte Kanister und Motorenölbehälter, Trinkflaschen und Dreck im allgemeinen werden Opfer der Flammen, zerfließen zunächst zu wabernder, bunter Masse, die sich schließlich in ein stinkendes und immer heißer brennendes Inferno verwandelt. Natürlich ist es ein aussichtsloses Unterfangen, und viel Unrat bleibt liegen. Allein die großen weißen Kisten der Fischerboote würden Ewigkeiten brennen, und schon der nächste Sturm und die kommenden Fluten werden neuen, unachtsam ins Meer geworfenen Abfall am Strand anhäufen und diesen verschandeln.

Erst am Abend schaffe ich den Aufbruch. Den Wind im Rücken, mache ich nach anfänglichen Orientierungsschwierigkeiten gute Fahrt gen Aasiaat, meinem nächsten Etappenziel. Ich bin noch nicht weit gekommen, da holt mich ein Motorboot von achtern ein, geht längsseits, und ein Halbgrönländer mit seiner Frau verwickelt mich in ein Gespräch. Anscheinend davon angetan, dass ein Europäer auf die große Insel kommt, um diese mit einem traditionellen grönländischen Fahrzeug zu bereisen, stellt er mir allerlei Fragen zu meinem Ziel, der zurückgelegten Strecke und zu meinem Boot. Gerade das scheint ihn zu interessieren, mit abschätzender Miene befühlt er Verdeck und Haut und erscheint besonders von der Erklärung angetan, dass sich der Kajak auseinanderbauen und zu einem handlicheren Maß zusammenlegen lässt. Nach ein paar Minuten der Fachsimpelei lädt er mich zu heißem Tee aus der Thermoskanne und zu Hefebollern ein, die von seiner Frau (die ob der Unterbrechung der Fahrt schon ein wenig ungeduldig zu werden scheint) gebacken wurden. Zu dieser Art von höchst unerwarteter Stärkung sage ich selbstredend nicht nein, schlürfend und kauend wechseln wir noch ein paar Worte, schließlich bedanke ich mich, der Motor gibt ein lautstarkes Heulen von sich, und das Paar prescht über den Sund davon.

Bald frischt die Brise auf, die Fahrt wird zunehmend unruhiger. Wie eine Herde unförmiger Fantasiewesen säumt bald eine Gruppe imposanter Eisberge meine Route. Mächtig, beinahe drohend, liegen sie im Wasser und scheinen mich verstohlen zu beobachten, um mich schließlich durch zeitlich wohlplaziertes Zerbersten und Kentern zu Fall zu bringen. Ohnehin vom anschwellenden Seegang zur Genüge gefordert, rede ich den Giganten freundlich zu, sie mögen sich doch bitteschön ruhig verhalten und sich nicht ausgerechnet während meiner Vorbeifahrt Scherze erlauben. Ihr Knacken und Rumoren fasse ich als versöhnliches, zumindest nachsichtiges Zeichen auf und schiebe mich möglichst schnell und respektvoll Abstand haltend an den Türmen vorbei. Mit der Zeit wird der Seegang immer rauer, damit aber auch riskant und spannend: Die Wogen laufen mich schräg an und bringen, wenn meine Konzentration nachlässt, das Boot schnell aus dem Kurs. „Kurs halten, Wellenrichtung beobachten!" rede ich mir fast automatisch ein, „Lass dich nicht ablenken." Doch kaum gedacht, ertappe ich mich schon wieder dabei, wie ich zur Seite spähe und mich nach der weiten Wasserfläche und dem Land umsehe. Schon kippelt das Boot wieder bedenklich über dem Kiel, für eine Sekunde durchfährt mich ein Schrecken, hoppla, beinahe wär's soweit gewesen, doch schon im nächsten Augenblick kehrt das Gleichgewicht wieder ein, und sicher hangele ich mich weiter von Welle von Welle.

Als sich eine idyllisch anmutende Bucht im Blickwinkel zeigt, gebe ich mir von einer Sekunde auf die andere einen Ruck, auf planmäßige Tageskilometer zu verzichten und zugunsten der eigenen Sicherheit das Land aufzusuchen. Auf einer Welle reite ich, die Spritzdecke schon zum raschen Ausstieg geöffnet, zwischen einem tückischen Felsen und einem scharfkantigem Eisblock ans Ufer, springe ins knietiefe Wasser und wuchte vorsichtig das Faltboot auf den Strand. Freudig stelle ich fest, dass sich die spontane Entscheidung tatsächlich gelohnt hat, denn die kleine Insel wartet mit dem bisher freundlichsten Zeltplatz meiner Reise auf. Munter gurgelt ein Bächlein in greifbarer Nähe zu ebenem, trockenen und dennoch weichen Boden dahin, der schmale und kiesige Strand wartet mit reichlich Treibholz auf, und felsiges Ufer kündigt annehmbare Angelbedingungen an. Eine Sünde wäre es gewesen, an diesem paradiesischen Fleckchen Erde achtlos vorbeizupaddeln. Hier kann ich fischen, spazieren und bummeln, lange Abende tagebuchschreibend am knisternden Lagerfeuer verbringen und mit dessen Hilfe am nächsten Tag sogar meine Wäsche richtig waschen. Topf auf Topf frischen Wassers wird auf dem Feuerchen erhitzt und in einen wasserdichten Packsack zur schmutzigen Wäsche und etwas Waschmittel gegeben. Dann heißt es walken, kneten und schütteln. Über Stunden lasse ich meine mitgenommene Kleidung in der Lauge liegen und nach häufigem Spülen

bilde ich mir wohl nicht nur ein, dass dieser Waschgang auch ein vorzeig-
bares Ergebnis zeigt. Hemden, Hose und Unterwäsche sind tatsächlich sau-
ber geworden und duften nach Waschmittel und Sommerfrische, wie es die
Werbung verspricht. So rein und ausgehfertig, bin ich vollkommen gerü-
stet für meinen Besuch in Aasiaat.

Die innere Diskobucht
(Aasiaat – Kangia)

Siebzehn Tage hat mich mein Weg von Sisimiut nach Aasiaat (Egedesminde), mit etwa 3600 Einwohnern viertgrößte Stadt Grönlands, gekostet, das ich am 9. Juli schließlich mit schweren Armen erreiche. Aasiaat bedeutet – für einen Wohnort etwas ungewöhnlich – „die Spinnen". Auf einer recht kleinen, langgestreckten Insel ohne bedeutende Erhebung gelegen, hat dieser Ort dem Besucher eigentlich kaum etwas zu bieten. Zwar wird in Reiseprospekten und -führern häufig der schöne Schärengarten gelobt, nach über zwei Wochen Kajakfahrt entlang kahler Küste und durch ein Labyrinth aus Inseln ist dieses Kriterium jedoch sicherlich kein ausschlaggebender Anziehungspunkt mehr für mich. Konnte man in Sisimiut wenigstens in einer ordentlichen Bäckerei gemütlich einen Kaffee schlürfen und im Hinterland ausgiebig wandern oder Berge besteigen, lockt Aasiaat beinahe mit nichts. Natürlich bieten die mächtigen Eisberge, die, riesigen Leinwänden gleich und von später Abendsonne in mattes Licht getaucht, scheinbar starr und unbeweglich auf dem Wasser liegen, ein großartiges Schauspiel. Und auch der Blick auf die tafelartige Diskoinsel, die mit ihrer schimmernden Eiskappe als eine grauweiße Mauer den Horizont begrenzt und mich in Gedanken auf ihre Gipfel und Plateaus aus Schnee und Eis lockt, ist ein großes Erlebnis. Die räumliche Enge und die Eintönigkeit der Siedlung lassen aber keine nennenswerte Aktivität des Besuchers zu.

Überhaupt wirken die grönländischen Orte in ihrer austauschbaren Ähnlichkeit auf mich steril. Zu sehr gleichen sich die farbigen Holzhäuschen aus dem Fertighauskatalog, die Häfen mit ihren Fischerbooten, Lagern und Öltanks. Zudem bekommt Aasiaat derzeit, wie die anderen größeren Orte auch, einen eigenen Flughafen, der den wenig effektiven Hubschrauberverkehr eines Tages durch Verbindungen mit dem Flugzeug ersetzen soll. Die Bauarbeiten für die Rollbahn laufen Tag und Nacht, Lärm liegt über der Insel, von der Schotterpiste weht Staub durch die Luft, der auf den Zähnen knirscht, und die Baumaschinen hinterlassen hässliche Narben in der Landschaft aus dunklem Fels und Moos. Im Hinblick auf den technologischen Fortschritt und seine Durchsetzung unterscheidet sich Grönland eigentlich kaum von meiner Heimat. Auch hier regiert der Erschließungswahn, wird die wenig zeitaufwendige Mobilität der Massen zum wichtigen innenpolitischen Ziel erhoben. Zwar betrifft diese Entwicklung die gesamte Insel und ist auch nicht aufzuhalten, in den Städten bekommt sie aber zunehmend Gesicht und wirkt auf mich bedrohlich und abschreckend. Zu allem Überfluss mischt sich zum Lärm der Baustelle, in deren Nähe ich mein Zelt aufgeschlagen habe, noch das nervenaufreibende Gedudel eines laut aufgedrehten Radios, von dem sich wohl ein Arbeiter in der nahegelegenen Fischfabrik das Sortieren von Fischen und Stapeln von Kisten versüßen lässt. Lange Zeit der Stille ausgesetzt, kann ich diesen Geräuschen partout keinen Genuss abgewinnen, vielmehr vergällen sie mir die Freude an der Musik im allgemeinen. Möglichst bald will ich von hier aufbrechen.

Anderntags ist nach geldverschlingenden Einkäufen, die mir dennoch weder Luxus noch Überfluss bescherten, der erste Teil meiner Reisekasse bereits zur Neige gegangen. Wie Sand rinnen die Scheine durch die Finger. Ein Telefonat nach Hause beruhigt meine etwas besorgten Eltern und gibt auch mir die Gewissheit, dass bei meinen Lieben alles gut bestellt ist. Zu Abend bereite ich mir einen dicken Eintopf aus getrockneten Kartoffeln, Bohnen und Moschusochsenfleisch aus dem Sonderangebot und schöpfe neue Kräfte. Und während ich, über den überquellenden Topf gebeugt, mampfe, kaue und schlürfe, entscheide ich mich spontan dazu, noch heute die Reise fortzusetzen und den Lärm der Flughafenbaustelle sowie den Gestank der Fischfabrik hinter mir zu lassen. Nach hastigem Packen steche ich voller Tatendrang kurz vor Mitternacht in See.

Ruhig ist es auf dem Meer geworden. Bleigrau schimmert das Wasser, eine schwache und weitgespannte Dünung wiegt mein Boot in ruhigem Auf und Ab. Die Dämmrigkeit der Mitternacht schwindet schon ab etwa halb zwei Uhr morgens spürbar dahin. Im Nordosten hellt es bereits wieder auf, die Konturen des grauen Gebirges nehmen an Schärfe zu. Mit guter Fahrt gleite ich durch den langen und gleichzeitig etwas monotonen Langesund, rechts und links begleitet mich dunkler, kahler Fels, die Landschaft bietet nur wenig Abwechslung. Von Zeit zu Zeit, wenn mein Boot einen Schwarm Lodden passiert, kräuselt sich aufgeregt die Wasserfläche. Dann spritzt und plätschert es eifrig, und der Schwarm dieser kleinen Fischchen, deren winzige Rückenflossen häufig in großer Eile die Wasseroberfläche durchschneiden, ganz so, als wollten die Lodden einen Hai imitieren, stiebt auseinander. Langsam setzt leichter Nieselregen ein, wird zunehmend stärker und und treibt mich an, meine einsame nächtliche Fahrt frühzeitig zu unterbrechen und nach einem Zeltplatz Ausschau zu halten. Mit aufkommender Brise im Rücken und mittlerweile dicken Tropfen, die auf das Verdeck trommeln und deren unzählige Kreise auf dem Meer von aufziehendem, wirklich schlechten Wetter künden, halte ich stur auf den nächsten Kiesstrand zu, berge das Boot und tappe lange auf der Suche nach einem halbwegs komfortablen Plätzchen umher. Doch muss ich meine Ansprüche stark zurückschrauben und mich letztendlich mit ein paar Quadratmetern buckeligen, aber immerhin angenehm weichen Bodens zufrieden geben. Bis das Boot hoch über dem Strand gesichert und das Zelt aufgerichtet ist, seine Leinen mit zahlreichen Steinbrocken beschwert und alle Wassergefäße an einem entfernten Felsbecken gefüllt sind, triefe ich vor Nässe, ehe ich in meinen Unterschlupf kriechen kann und mit einem entschiedenen Ziehen am Reißverschluss den Regen für heute abwimmele – tut mir leid, schon geschlossen! Eine Scheibe Brot und einen Keks gönne ich mir noch, dann lege ich mich um sechs Uhr morgens endlich zum Schlafen hin. Eingemummelt in die behaglichen Daunen, gebe ich mich einem wohligen Gefühl der Geborgenheit hin und lausche zufrieden dem heftig einsetzenden Dauerregen, der von dem bisher stärksten Wind begleitet wird und ununterbrochen mit aller Gewalt auf das durchgerüttelte Zelt prasselt. Jetzt verstehe ich, was ein Grönländer ganz zu Beginn meiner Paddelreise mit dem Sturm und dem dazugehörigen Schlechtwetter bei Wind aus Südwest gemeint hatte.

Bis in den Nachmittag hat es geschüttet, als es schließlich aufklart. Mittlerweile lugt sogar die Sonne gelegentlich hinter den Wolken hervor und kündigt einen angenehmen Paddeltag an. In Anbetracht des Rückenwindes will ich heute mein selbstkonstruiertes Treibsegel wenigstens einmal ausprobieren, um es nicht vollkommen sinnlos angefertigt und mitgenommen zu haben. Freilich wird mir bald klar, dass die Bastelei mehr der Fantasie als der Praxis entsprungen ist – zu kompliziert gestaltet sich die Bedienung. Zudem ist der hölzerne Mastfuss trotz Lackierung durch die permanente Feuchtigkeit so angeschwollen, dass er einfach nicht mehr durch die Masthalterung passen will. So wurstele ich mit einer Paddelhälfte, der ich zu Hause noch eine Öse zum Hissen des Segels auf das Blatt aufgesetzt hatte, dem Segel und allerlei Schnüren auf dem bewegten Wasser in meinem kippeligen Boot umher, bis endlich die komplizierte Takelage steht. Drei Hände bräuchte ich jetzt, um das Paddel als Behelfsmast und die beiden Belegschnüre an den Baumenden halten und bedienen zu können. Ein wenig Fahrt mache ich allerdings schon, auch wenn ich nicht die normale Reisegeschwindigkeit erreiche. Bald jedoch wird mir die Halterei zu anstrengend, und in der unruhig kabbelnden See verliere ich zu oft den Kurs. So packe ich die Kinderei lieber wieder unter Deck und treibe mich weiterhin aus eigener Kraft an.

Schon aus der Ferne lockt die Bucht der kleinen Siedlung Ikamiut mit herrlichen Zeltmöglichkeiten: flacher, ebener Boden über weite Flächen, dazu mehrere Kiesstrände zum behutsamen Anlanden. Ohne mich auch nur eine Minute zu bedenken, drehe ich bei, laufe auf knirschendem Kies vorsichtig auf und schaffe mein Gepäck über den dunklen Strand auf die ebene Geländestufe. Ein Traumplatz ist gefunden, das steht außer Frage. Lediglich Trinkwasser muss ich suchen gehen, das ich schließlich in abseits gelegenen Tümpeln schöpfen kann. Solche erzwungenen Spaziergänge, über die ich anfangs noch leicht verärgert bin, fasse ich letztendlich doch als willkommene Abwechslung zum ewigen Sitzen im Boot auf. Zur Mitternachtsstunde habe ich den 104 Meter hohen Hausberg der kleinen Siedlung erklommen und berausche mich an grandioser Stimmung. Kein Lufthauch rührt sich, und dennoch fliegt keine Mücke; über dem Meer liegt, so scheint es, Ruhe und Frieden wie am ersten Schöpfungstag. Ein dünner Schleier aus Dunst und Wolken dämpft und reflektiert das Licht der Sonne, die knapp unter dem Horizont steht, und lässt nur eine fahle Helligkeit zu. Zwischen Rosa und einem Pastellton in Orange variiert das Farbenspiel des Himmels, in lilafarbenem und bleigrauem Glanz schimmert das Meer. Zuckerwürfeln gleich liegen die vielen Eisberge verstreut in der Weite der Diskobucht, verhalten ist ihr Schein in blauem Zauber, ganz so, als erhielten sie ihr Licht aus einer ihnen eigenen Fluoreszenz. Die Stille ist vollkommen. Nicht einmal das Brummen eines Bootsmotors dringt bis zu mir vor, jegliche Zivilisation mit all ihrem sich in die letzten Winkel der Erde verbreitenden Lärm scheint innezuhalten und ebenfalls voller Andacht zu lauschen. Ewig könnte ich so sitzen, einfach nur schauen und den tiefen Frieden der Szenerie aufnehmen. Doch nach ausgedehntem Bewundern und Sinnen macht ein knurrender Magen schließlich auf sich aufmerksam und bewegt mich zur Umkehr.

Zuviel Idylle umgibt mich an diesem Platz, als dass ich dieses traumhafte Fleckchen gleich wieder verlassen könnte. Welch Glück, dass mir für die Reise doch mehr als ausreichend Zeit zur Verfügung steht! Ich statte dem kleinen Ort Ikamiut einen kurzen Besuch ab, besorge mir etwas Knäckebrot und eine Tüte Mehl und kann sogar von der Post aus mit meiner Freundin telefonieren. Wenn es auch schon lange kein technisches Weltwunder mehr ist, so versetzt mich das Telefon doch immer wieder in fasziniertes Erstaunen. Wo man auch geht und steht, auch im hintersten Winkel der besiedelten Welt lässt sich mit Hilfe eines solchen Apparates die Stimme eines anderen Menschen an einem gänzlich anderen Ort vernehmen und hört sich dabei sogar noch so nahe an. Als säße man gemeinsam an einem Tisch, kann man plaudern und lachen, aber auch vernehmen, wenn dem Menschen am anderen Ende der Leitung gar nicht zum Lachen zumute ist. Mit seiner Möglichkeit zum echten Dialog, in dem sich aber auch, im Gegensatz zum Redeschwall eines ausführlichen Briefes, für Augenblicke und länger schweigen lässt, verliert das Telefon für mich wohl nie seinen Reiz.

Zu Hause hatte ich mich in meiner Planung bereits auf den Versuch Brot zu backen eingestellt und für diesen Zweck Gewürze und Backpulver eingepackt. Mit dem heute erstandenen Mehl soll dieses Experiment jetzt endgültig gewagt werden. Auch Brot backen, das Gehen und das Lockerwerden des Teiges, übt auf mich eine ganz eigene Faszination aus. Am heimischen Elektroherd sind mir auch schon einige gute Laibe gelungen. Draußen in der Wildnis jedoch, nur mit Feuer und Steinen und dem, was der Inhalt des Rucksacks zum Gelingen beitragen kann, hatte ich mich bislang nie daran gewagt. Da ich nicht über Trockenhefe verfüge, muss ich mich vorerst auf Backpulver als Triebmittel beschränken – eine zugegeben einfache Variante des Backens, aber im Augenblick eben meine einzige Möglichkeit. Aus Mehl, Backpulver, Schwarzkümmel und Meerwasser mische ich einen geschmeidigen, aber festen Teig, den ich im dürftig gebastelten Ofen auf einer heißen Steinplatte zu Fladen ausbacke. Zwar sind die kleinen Fladenbrote recht schwer und füllig, frisch und warm angeschnitten und mit Butter bestrichen schmecken sie allerdings köstlich. Überschwänglich vor Begeisterung mische ich gleich eine weitere Portion Teig an.

So sitze ich stundenlang an meinem gemütlichen Lagerfeuer, backe „Bannock", koche Tee, rauche meinen groben Pfeifentabak, den ich schon ein wenig besser zu drehen verstehe, und lasse so herrlich sorglos die Zeit verstreichen. Bis mich stoßweises Rauschen oder eine Art gedämpftes Pfeifen aus meiner Träumerei herausreißt. Ein mir neu erscheinendes Geräusch mischt sich in die Lautwelt des Meeres und des Windes, die mich bisher umgeben hat – ähnlich der fauchend unterbrochenen Flamme eines Heißluftballons oder einem lang nachhallenden, aber plötzlich verstummenden Schuss tönt es von der Bucht zu mir herüber. Noch sinne ich über diesen merkwürdigen Laut nach, der mir dennoch irgendwie bekannt vorkommt, als die Wasseroberfläche der Bucht durchbrochen wird und dunkle Rücken sichtbar werden. Natürlich, Wale sind da, durchpflügen das Meer nur ein paar hundert Meter vom Ufer entfernt! Schon während früherer Reisen in Südgrönland hatten wir sie oder ihren Blas öfters zu Gesicht bekommen, in diesem Moment aber konnte ich plötzlich das Geräusch der ausatmenden Tiere zu nichts mehr zuordnen. Nur kurz zeigen sich die Rücken der Tiere – es ist eine kleine Herde Zwergwale, vielleicht vier Stück, die in aller Seelenruhe durch die Bucht ziehen –, erscheinen für einen Augenblick die schwarzen, gekrümmten Finnen, leise tauchen die Körper wieder ab. Aufgeregt wie ein Kind eile ich zum Zelt und hole zur Beobachtung mein Fernglas herbei – sind es doch die ersten Wale auf dieser Reise. Erst als sie sich mehr und mehr aus meinem Blickfeld entfernen, kommt mir die Idee, doch einfach ins Boot zu steigen und zu ihnen herauszufahren. Doch dazu ist es bereits zu spät, ich würde sie wohl nicht mehr einholen. Ungestört verlässt die kleine Herde die Bucht.

Es ist Mitte Juli. Nach fast drei Wochen Paddeln entlang der zerklüfteten Küste und durch das Inselreich zieht es mich zunehmend zum richtigen Festland hin, wo ausgedehntes Hinterland mit Bergen, Weite und Panorama, mit rauschenden Flüssen und spiegelnden Seen wartet. Neben dieser Art von Idylle erhoffe ich mir ferner bessere Angelmöglichkeiten, um dem Saibling nachzustellen. Denn dort, wo kräftige Bäche die Seen mit dem Meer verbinden, steigt dieser Edelfisch – wenn man das Glück des rechten Zeitpunktes hat. Und wie lange ist es schon wieder her, dass ich zum letzten Mal sein delikates Fleisch mit der Zunge am Gaumen zerdrückt habe! Doch die Flüsse, die sich aus der Lerslette winden, tragen – wie sollte es auch bei diesem Namen (lehmige Ebene) anders sein – eine außerordentliche Trübefracht, die deren Mündungsgebiete nicht nur grau einfärben, sondern auch beinahe beängstigend zugeschüttet haben. Bereits viele hundert Meter vor dem Ufer südlich der Insel Ujaralik stößt mein Paddel unversehens auf Grund; vom Boden trennen mich keine zwanzig Zentimeter. Dass sich jetzt nur kein spitzer Stein in die empfindliche Bootshaut bohrt! Doch glücklicherweise verlasse ich mit behutsamen Paddelschlägen den tückischen Bereich, ohne auf ein solches Hindernis aufzulaufen.

Langsam nimmt das Meer zunächst einen türkisen und schließlich wieder tiefblauen Farbton an. Die gewohnte Dünung schaukelt mich gemütlich umher. Mit der Zeit beginnen mir die Wellen regelrecht Spaß zu machen, die stete Bewegung des schlanken Rumpfes, das Wasser, das über den Bug bricht und am aufgeschnallten Gepäck emporspritzt – all das finde ich geradezu spannend und unterhaltsam. Auch hat sich mein Körper schon weitgehend an Seegang und Dünung gewöhnt – ganz von selbst sorgt er für den Ausgleich der Bootsbewegung und schlingert im richtigen Rhythmus mit. Hatte ich am Anfang der Reise das stabilisierende Paddel bei Wellengang nur ungern abgelegt, um beispielsweise nach der Trinkflasche oder einer Hand voll Müsli zu greifen, so treibe ich jetzt bei Bedarf steuer- und antriebslos umher, um die Karte zu studieren, mit dem Fernglas nach der Landschaft oder der Vogelwelt zu spähen oder einfach nur, um etwas auszuruhen. Der Gedanke daran, unerwartet von der Dünung zum Kentern gebracht werden zu können, dringt schon gar nicht mehr bis ins Bewusstsein vor.

Die hammerkopfförmige Halbinsel Sarpiussat, die sich auf der Karte als Zeltgelegenheit nahezu aufdrängt, ist doch nicht so gut wie erhofft. Für die Vermutung, dass der Hammerstiel – eine scheinbar ebene Fläche aus reinem Moränenmaterial – in Wahrheit matschig, dreckig und feucht ist, benötige ich mittlerweile aufgrund der Erfahrung und der Beobachtung ähnlich erscheinender Landschaftsformen keine Bestätigung mehr und lande lieber unterhalb der ehemaligen Torfbauten einer alten Inuitsiedlung an. Für mein kleines Zelt finden sich auf einer kleinen Terrasse oberhalb des Hanges, direkt vor einer senkrechten Felskante, die gerade nötigen Quadratmeter; wie ein kleines Schloss thront mein Reiseheim über dem Meer. Auch an diesem Ort wächst die Wassersuche zu einem ausgedehnten Spaziergang an, bis sich schließlich doch noch eine Entwässerung des torfigen Bodens findet, an der ich, geduldig in kleinen Portionen schöpfend, meine Flaschen und Wassersäcke füllen kann. Ansonsten scheint die Halbinsel knochentrocken zu sein, nicht einmal ein kleiner Tümpel mit fauligem Wasser lässt sich ausmachen. Ein behutsam geschürtes Mikrofeuer, nicht größer als eine Handfläche, reicht aus, um darauf das Abendessen und den Tee zuzubereiten und setzt dem Gefühl von Freiheit seine so unbeschreibliche wie archaische Note auf.

Zum ersten Mal seit Wochen lasse ich das Boot hinter mir, bepacke den Rucksack mit dem für ein paar Tage in den Bergen Nötigsten und stiefele los, das Hinterland zu erkunden. Doch soll ich nicht weit kommen. Bereits am erstbesten Bergsee, der wenigstens eine bescheidene Hoffnung auf Saibling rechtfertigt, breche ich die Wanderung ab, erschöpft und demoralisiert – und mit dem unterschwelligem Gefühl, seit der letzten großen Unternehmung auffallend gealtert zu sein. Dabei hatte sich der Tag so schön angekündigt, strahlender Sonnenschein, blauer Himmel und sogar kühlender Wind fügten sich zu Postkartenwetter zusammen, das das Wandererherz höherschlagen ließ. Der Wunsch, jetzt aufzubrechen in die hügelige Landschaft und zu kleinen Gipfeln, durch Tundra und Moos zu streifen, an Seen und kalten Bächen zu rasten, um später mitten im Niemandsland das Zelt aufzuschlagen, hatte sich in verklärter Erinnerung an so zahlreiche Wandertage durch die nordische Landschaft in meinem Bewusstsein festgesetzt. Der Freiheit zu Wasser sollte nun endlich auch einmal die Freiheit auf dem Land folgen.

Doch die Idylle trügt, mehr noch, als die Erfahrung mir hätte sagen können. Ungewöhnlich anstrengend und kräftezehrend ist der Tundraboden, keine vier oder fünf Schritte lassen sich in gewohnter Weise setzen, meine ganze Kraft versinkt in nassem Moor oder in vertrocknetem und knisterndem Torfboden. Kaum ist der Fuß durch die spröde, schaumgummiartige Fläche gebrochen, findet er nur wackeligen Halt auf unsichtbarem Geröll, verkeilt sich der Stiefel zwischen Steinen und Felsen, und ich verliere das Gleichgewicht. Mein Spazierstock, der mich eigentlich stützen soll, verschwindet jedesmal bis zur halben Länge im Torf und will so gar nicht hilfreich sein. Im Gegenteil, mit jedem zweiten Schritt muss ich die Spitze aus den zähen Klauen der Wurzeln herausrupfen.

So wanke ich stolpernd durchs Gelände, fühle mich gestraft und verfluche meinen blödsinnigen Einfall, mich auf ein paar „gemütliche" Wandertage ins Hinterland begeben zu wollen. Hätte ich jetzt nur einen Begleiter dabei, jemanden, mit dem ich gemeinsam über die unwegsame Tundra schimpfen könnte, oder in dessen Gegenwart ich, in allerlei Gespräche vertieft und abgelenkt, die Schinderei gar nicht als so fordernd empfände. Auch würde man sich vielleicht gegenseitig anspornen, dem anderen ehrgeizig zeigen wollen, wer tatsächlich der bessere Läufer ist. So würden die Stunden vergehen, in gemeinsamer Freude über die Großartigkeit der Landschaft und unter gemeinsamem Verwünschen des Schleppens und Schwitzens, um am Ende des Tages schließlich erschöpft, aber glücklich, auf ein ordentliches Stück bewältigter Wegstrecke zurückblicken zu können. Doch fehlt mir jetzt der Wille, mich gegen die Widrigkeiten der Landschaft durchzusetzen. Die Natur zeigt sich dem langsamen Wanderer in diesen Breiten ohnehin über so viele Kilometer in monotoner Form, besitzt nur wenig kleinräumige Abwechslung – ein See gleicht dem anderen, ein Berg so vielen weiteren. So tröste ich mich über meinen Misserfolg und meine eigene Schwäche hinweg, lasse am nächstbesten Bergsee den Rucksack fallen und – niedergeschlagen von der eigenen Mutlosigkeit wie auch erleichtert über meine Entscheidung – den Schweiß trocknen.

Zur Mitternachtsstunde mache ich mich auf, den nur 399 Meter hohen Sarpiussat qáqa zu besteigen. Ohne Rucksack ist der Gipfel schnell erreicht, und auf mich wartet ein bisher nicht erlebter Rundblick. Im Westen liegt mir die ausgedehnte Landschaft der Lerslette zu Füßen, gibt sich in scheinheiliger Weise auf die kurze Entfernung so, als könnte man sie trockenen Fußes und in zügigem Tempo durchwandern – aber auch dort wird alles Torf und Sumpf sein und die Schritte bremsen. Im Süden drängt der mächtige

Nordenskiöld-Gletscher wie eine schuppige Raupe zum Fjord, sein Abbruch zum Wasser verbirgt sich leider hinter der letzten Hügelkette. In meiner ersten Planung sollte er das Hauptziel einer Fahrt in den Nordre Strømfjord hinein und über den Nachbarfjord Arfersiorfik wieder hinaus sein, gleichsam als Krönung dieser Unternehmung. Jetzt liegt er noch mindestens einen vollen Tagesmarsch durch kräftezehrendes Terrain von mir entfernt und vermag mich trotz der Nähe kaum mehr zu locken – was soll's, Gletscher und Eis werde ich wohl noch zur Genüge zu sehen bekommen. Noch eine Silhouette weiter, ein Stück mehr zur See hin, erheben sich die schneebedeckten Tausender und höheren Berge der Gegend nördlich von Sisimiut. Wie schön wäre es, jetzt, zu dieser späten Stunde, auf einem ihrer Gipfel zu stehen! Die Sicht muss dort umwerfend sein! Im Norden erblicke ich durch mein Fernglas nicht nur die dunkle Silhouette der Diskoinsel, sondern zum ersten Mal den gewaltigen Eisfjord von Ilulissat. Als langer weißer Streifen zwischen Himmel und Meer schieben sich die mächtigen, gleißenden Massen ausgepressten Inlandeises weit in die schimmernde Bucht hinaus, wo sie sich in lange Tafeln und bizarre Eisberge aufteilen, deren wahre Dimensionen ich von hier nur erahnen kann. Ein Höhepunkt dieser Reise wird sicherlich das Passieren dieser Kolosse werden.

Zurück am Zelt, nutze ich die Gunst des kurzen Zeitraumes zwischen etwa ein und zwei Uhr nachts, wenn die Stecher aufgrund der wohltuenden Kühle nur geringe Aktivität zeigen, um mich endlich einmal wieder richtig zu waschen. Wie lange ist es her, dass ein See oder ein geeigneter Fluss mir überhaupt die Möglichkeit boten, mich am ganzen Körper einzuseifen, vollständig unterzutauchen und mich wenigstens der schlimmsten Gerüche zu entledigen? Ich könnte in meinem Tagebuch blättern und mein Hygieneleben zurückverfolgen, lasse es allerdings aus verständlichen Gründen lieber bleiben. Bei taufeuchter Nachtluft und mystischer Stille lasse ich mich langsam bis zum Kinn ins eisige Wasser gleiten, rubbele und reibe den Dreck aus allen Poren, schäume mit der duftenden Seife und entsteige wunderbar erfrischt meinem kalten Bad. Kurz bevor der grüne Zeltstoff von der steigenden Sonne wieder heller durchleuchtet wird und damit auch der summende Luftverkehr einsetzt, sperre ich mich in meiner Behausung ein und krieche in den Schlafsack.

Anstatt weiter im Hinterland umherzustreifen, geht es bald weiter meinem Ziel, der inneren Diskobucht, entgegen. In der Mündung des Fjordes Kangersuneq treibt mächtig und gelassen mein erster Eisberg, der diesen Namen auch tatsächlich verdient. Mit seiner steil aufragenden, gleißenden

Flanke wirkt er auf mich in meinem kleinen Boot bedrohlich. Ein kräftiger Lokalwind, der aus dem Orpitsôq bläst, drückt mich, während ich begeistert und fasziniert fotografiere, bedrohlich schnell dem Koloss entgegen, dessen unbewegliche Ruhe und Festigkeit doch nur trügerisch sind. Jederzeit kann sich ein Brocken aus der Wand lösen, unter donnerndem Getöse ins Wasser stürzen und mir eine Welle entgegenschicken, derer ich in keinem Falle Herr werden würde. Beinahe hastig reiße ich mich von der Faszination des mächtigen Eises los und steuere mit stetem Paddelschlag dem Fjordende entgegen. Schon von ferne lockt ein breiter, dunkler Sandstrand. Ich entspringe der einschränkenden Enge des Kajaks und schleife ihn vorsichtig ein Stück aufs Ufer. Hysterisches Fuchsgebell empfängt und begleitet mich auf der langwierigen Suche nach einem Zeltplatz entlang des ausgedehnten Strandes. Letztendlich finde ich eine wunderschöne Stelle zum Bleiben inmitten von wucherndem und stechendem Strandhafer. Mehrere hundert Meter eile ich zu meinem Boot zurück, das mittlerweile schon auf gänzlich trocken gefallenem Strand liegt, hebe es unter Aufbietung meiner ganzen Kraft und ständig besorgt um die empfindliche Haut schubweise wieder ins Wasser, und paddle meinem Plätzchen für die Nacht zu. Auch hier ist Trinkwasser erst in größerer Entfernung am Lakseelv zu schöpfen, auch einem herrlichen Ort zum Zelten, dessen Mündung ich allerdings zuvor bei meiner Ferndiagnose des Geländes mit dem Feldstecher nicht einsehen konnte. Wie schon zahlreiche Male zuvor wird mir bewusst, wie wenig Glauben man einer solchen Erkundung des Geländes auf Distanz schenken kann. Gerade das Erkennen von wichtigen Details in der Landschaft kommt von Zeit zu Zeit einem Roulettespiel gleich.

Abends baue ich am Lagerfeuer meine Bannock-Backerfahrung weiter aus. Von den vorhergegangenen Versuchen war ich angetan, allerdings noch nicht vollkommen überzeugt. Ich möchte eine ausgeglichenere Hitzeverteilung erzielen, die Fladen tatsächlich backen und nicht braten. Trotz des Risikos, einen meiner Aluminiumtöpfe in der heißen Glut des Feuers zu zerstören, unternehme ich das Experiment, den Teig im verschlossenen Topf und im offenen Feuer gleichmäßig auszubacken. Als besonderes Schmankerl füge ich frisch gehackten Knoblauch und verschiedene getrocknete Kräuter der Mischung hinzu, lege den Topfboden mit flachen Steinchen aus und plaziere darauf die Teigrohlinge. Mittlerweile hat das bescheidene Feuerchen auch schon etwas Glut gebildet, die ich jetzt zur Seite scharre und um den Topf herum anhäufe. Und tatsächlich, die Brötchen gehen richtig auf, bekommen lecker aussehende Risse auf ihrer Oberseite und sind von appetitlicher Bräune. Lediglich die Unterseiten sind noch ein wenig zu kross, sprich schwarz – die Unterhitze meines Ofens muss also noch angepasst werden. Trotz dieses Schönheitsfehlers sind meine Kreationen – frisch aufgeschnitten und mit Butter bestrichen – ein wahrer Hochgenuss, und ich habe guten Grund, mit mir zufrieden zu sein. Die nächste Fuhre glänzt sogar wie die Kruste eines Brotes vom Bäcker und lacht mich an. Ich beschließe, meine neue Knoblauchkreation „Paddler's Delight" zu nennen. Keine Frage, ich steigere mich in meinen Fähigkeiten als Freiluftkoch und werde die kommenden Wochen an diesen noch eifrig weiterfeilen. Endlich habe ich auf einer Reise auch einmal genügend Zeit und Muße, derartig freudebereitenden Nebensächlichkeiten nachgehen zu können, ohne dass mir jemand meine vielleicht kindlichen Flausen auszureden versucht.

Die Fahrt aus dem Kangersuneq heraus verläuft bei unveränderter Szenerie recht eintönig, und so ziehe ich das Paddel kräftig durch, um mich endlich Qasigiannguit (Christianshåb) zu nähern. Abermals mache ich eine interessante Entdeckung bezüglich des Windes: Blies er mir während der Fahrt durch den Fjord noch streng entgegen und sorgte Dünung für zeitweise unruhige Fahrt, so gewährt mir das offene Wasser der Sydostbugt spiegelglatte See und absolute Windstille. Gerade bin ich um die kleine Landzunge Nîsat herumgepaddelt, als unerwartet eine Segelyacht unter schleichender Motorfahrt auf mich zuhält und kurze Zeit später Anstalten macht, längsseits zu gehen. Der Skipper, ein Franzose aus der Bretagne, ist einhändig und allein in knapp drei Wochen von zu Hause herüber gesegelt und kreuzt jetzt, in Begleitung eines später eingeflogenen Bekannten, den ganzen Sommer durch grönländische Gewässer. Beim Plausch über die Reling fällt ihm schließlich ein, mich doch auf eine Tasse Kaffee an Bord zu bitten. In Erwartung interessanter Gesprächspartner nehme ich erfreut und dankbar an, vertäue mein Gefährt an der Yacht, entschlüpfe vorsichtig der Luke und hieve mich an Deck. Augenblicklich sind wir in ein munteres Gespräch vertieft, das sich – und wie sollte es auch anders sein – fast ausschließlich um Grönland und seine Fahrwasser, um „Geheimtipps" zu verlockenden Lagerplätzen, Erlebnisse und Erwartungen dreht. Die angekündigte Tasse Kaffee bleibt, ohne dass wir es zunächst merken, lange aus. Ihr geht nämlich mittlerweile die Einladung zum Abendessen voraus – es seien da noch die Reste einer nicht vollkommen legal abgelebten Eiderente und ein großer Topf Heilbutt, der unbeachtet vor sich hin köchelt, zu vertilgen. Zu letzterem rührt der kochbegeisterte Bretone mit geübten Handgriffen noch eine frische Mayonnaise an, aus dem Stauraum unter dem Bretterboden wird eine Flasche Wein gefischt (ich darf sogar wählen! – sec, s'il vous plaît!), und anschließend sitzen wir zu dritt gemütlich schwatzend und kauend vor unseren

Tellern und lassen es uns gut gehen. So oft ich will, darf ich in dem großen Topf nach weiteren Heilbuttstücken fischen und der trockene Wein, der das karge Zeltlerleben für einen Moment in den Hintergrund treten lässt, wird mir freizügig nachgeschenkt.

Unterdessen dümpelt die „Fixim" in der Flaute ruhig und arglos vor sich hin, bis der schwache Windhauch, der noch geht, schließlich ihren Aluminiumrumpf auflaufen lässt. Ein kurzes Rumpeln und Knirschen, Scheppern und Klirren von Geschirr, dann ist Jean-Paul schon an Deck, sofort läuft der Motor, mein Kajak wird ins Schlepp genommen, und wir eilen aus der tückischen Gefahrenzone heraus. Während ich jetzt augenblicklich einen Wutanfall des stolzen Bootseigentümers über uns hereinbrechen sehe, die ganze Gemütlichkeit und unser ganzes Geschwätz, das doch nur seine Aufmerksamkeit in Anspruch genommen hatte, verwünschend, und mir in meiner Vorstellung dabei für einen Moment äußerst überflüssig vorkomme, zerstreut der Skipper augenblicklich meine Bedenken mit einem lapidaren „...well, she has touched the ground so many times before, so..." und fordert mich schließlich auch noch zum Übernachten an Bord auf. Auch jetzt kann ich das freundliche Angebot nicht ausschlagen, sage augenblicklich zu und schaffe meine wichtigsten Sachen an Bord. Dies wird meine erste Nacht ohne Mücken in unmittelbarer Nähe sein! Doch auch die Yacht wird an ihrem Ankerplatz dicht unter Land belagert – ohne Kopfnetz ist es auf Deck nicht auszuhalten, es schwirrt und summt an allen Ecken und Enden. Ziehen wir uns aber unter Deck zurück und schließen die Luke, dann können wir uns immerhin dem Luxus hingeben, ein paar Quadratmeter mit Stehhöhe und Bewegungsfreiheit zu beanspruchen. Sind dann auch noch zu guter Letzt die frechsten Eindringlinge erschlagen und macht eine nach Weihrauch duftende Mückenspirale – zumindest in unserer Vorstellung – dem letzten verbliebenen Insekt das Leben schwer, herrscht friedliche Ruhe im Bauch des Seglers, und entspannt sehen wir dem Tanz der Moskitos über dem Oberlicht zu.

Abends werden wir noch Zeugen des blutigen Geschäftes der Robbenjagd. Ein Grönländer hat gerade mit seinem Motorboot am Ufer in unmittelbarer Nähe angelegt, schleift den geschmeidigen Körper einer Robbe, die er draußen auf dem Meer geschossen hat, an Land und beginnt die Metzgerei des Zerteilens. Aufgeregt wie Kinder paddeln wir rasch zu ihm ans Ufer und verfolgen neugierig seine Arbeit. Unglaublich, wie schnell alles geht! Mit wenigen routinierten Handgriffen ist der schlaffe Kadaver aufgebrochen und aus dem Fell geschält, einige wenige Schnitte mit dem kräftigen Messer zerlegen das Fleisch in ein paar handlichere Stücke und trennen die geschätzten Organe wie Leber und Herz heraus. Als kleines Präsent bekommt der Franzose eine weich behaarte und eindrucksvoll bekrallte Robbenpfote in die eigene Hand gedrückt: „Für die Suppe!" Zu guter Letzt wandern der nicht verwertbare Rest, die Gedärme und die Lunge, aber zu meiner Bestürzung auch das schöne, große Fell in das vom Blut rot gefärbte Wasser. Warum er nicht das Fell aufhebe? Na ja, das lohne den Aufwand des Reinigens, Entfettens und Gerbens schon lange nicht mehr, seit die Preise für Robbenhäute im Keller sind und sie im Ausland gar nicht mehr gekauft werden.

Betreten blicke ich zu Boden, denn hier offenbart sich noch immer eine eigentlich schon ältere Kontroverse zwischen den reichen Industrieländern und ärmeren Regionen, die auf den Verkauf von Rohstoffen angewiesen sind. Dem blinden Hunger unserer reichen Gesellschaft nach den schneeweißen Fellen der frischgeborenen Robbenjungen folgte das gnaden- und herzlose Abschlachten der kleinen Heuler auf dem Packeis, vorzugsweise durch kanadische und norwegische Fänger. Die Bilder von drollig dreinblickenden weißen Pelzknäueln, die im nächsten Augenblick in einen triefenden, roten Haufen verwandelt wurden, nachdem ihnen, meist noch lebend, das Fell über den Kopf gezogen worden war, während ihre Mütter dem Entsetzen nur tatenlos zusehen konnten (und dabei meist selber noch erschlagen wurden), gingen um die ganze Welt und erregten die Gemüter. Unter anderem als Folge der breit angelegten Greenpeace-Kampagne wurde der Handel mit Robbenfellen aller Art nahezu kriminalisiert und in vielen Ländern sogar ein Einfuhrverbot verhängt. Doch leider traf dieses Handeln den gesamten Markt mit Robbenerzeugnissen, ungeachtet der Frage, woher diese Produkte stammten und auf welche Art die Tiere getötet wurden. Grönland wurde dadurch hart getroffen, denn es verlor die Absatzmöglichkeit für seine Robbenfelle, obwohl es dort die dokumentierte widerwärtige Robbenschlägerei in Wahrheit nie gegeben hatte. Die ausschließlich erwachsenen Tiere werden grundsätzlich geschossen und nicht (teilweise nur halb) erschlagen, dienten und dienen immer noch fast ausschließlich als Nahrung (oder auch als Hundefutter). Dabei fielen die Häute eher als Nebenprodukt an; ihr Verkauf half den Einheimischen, die eine oder andere lukrative Krone zu verdienen. Allein wegen der Häute jedoch wurde keine gezielte Jagd auf Robben gemacht oder gar die Art in ihrem Bestand bedroht. Für eine Differenzierung des Handels mit Robbenerzeugnissen war es allerdings – auch trotz einer Richtigstellung durch die Umweltschutzorganisationen – schon zu spät, die Gemüter waren noch zu erhitzt, um diese zwei Arten und Wurzeln der Jagd voneinander zu unterscheiden: hier die Jagd aus purer Habgier, für den Luxus und das Geltungsbedürfnis der Reichen, dort die notwendige Jagd als Lebensgrundlage und aus Tradition. Noch heute herrscht in vielen Ländern ein Einfuhrverbot für Felle von Robben. Auch ein Tourist, der ein solches in Grönland ersteht, muss Ärger mit dem heimischen Zoll befürchten. Der Markt ist weggebrochen, und so landen jedes Jahr eine Vielzahl von Häuten wieder ungenutzt im Meer.

Trotz des Gefühls der Geborgenheit an Bord des großen Bootes schlafe ich in dieser Nacht nur wenig und mit langen Zeiträumen des Wachens. Lange noch liege ich ruhelos in meiner Koje, ohnehin das frühe Zubettgehen gegen ein Uhr morgens nicht gewohnt, und lausche der mir so unbekannten Geräuschkulisse, die das Boot umgibt. Anders als bei einem ruhig gelegenen Zeltplatz im Gebirge oder in einer einsamen Bucht ist es auf der Yacht nie völlig still. Instinktiv versuche ich, all die merkwürdigen Laute irgendwie einzuordnen, mir vorzustellen, von welchem Vorgang sie wohl herrühren mögen. Das Klappern und leichte Schlagen eines Seiles – bedeutet es, dass der Wind auffrischt? Dieses schwache Poltern im Rumpf – war es vielleicht mein vertäutes Boot, das gerade unter dem Kiel der schweren Yacht verschwindet und zerdrückt wird? In meinem Wachen male ich mir aus, wie ich morgen früh lediglich das Tau mit vielleicht einem Spant und ein paar wenigen Leisten auf dem Wasser treibend vorfinden werde. „Alles Quatsch!", versuche ich mich zu trösten, wie soll denn mein Kajak überhaupt von dem Segler überrollt werden, wenn dieser doch bewegungslos im Wasser liegt! Durch das Oberlicht sehe ich, wie die unbarmherzige Sonne der letzten Tage Großbaum und Wanten in helles Licht taucht und abermals einen warmen, ja beinahe heißen Tag ankündigt und meine Hoffnung auf etwas mehr lindernde Kühle zerstört. Schon fast ein wenig besorgt, drehe ich mich zum ungezählten Male um und versuche, endlich etwas Schlaf zu finden.

Zügig geht es jetzt Qasigiannguit oder Christianshåb entgegen, einem kleinen und recht gemütlichen Städtchen, dem die vergangene dänische Kolonialzeit noch besonders deutlich anzusehen ist. Um den Hafen drängen sich eine Handvoll gut erhaltener und liebevoll hergerichteter Holzhäuser, errichtet aus massiven Balken, die mit ihren satten, bunten Farben dem Ort einen gemütlichen Charakter und ein freundliches Gesicht verleihen. Die lachende Sonne ermuntert zum geruhsamen Umherschlendern, dieser Einladung folgend, ziehe ich meinen Einkaufsgang in die Länge. In Erwartung zahlreicher Backtage decke ich mich jetzt mit Mehl, geschrotetem Weizen, Trockenhefe, Backpulver und all den Lebensmitteln ein, die ich für notwendig oder zumindest begehrenswert erachte. So finden nach viel Hin und Her nicht nur Reis und Nudeln, sondern auch „frische" Milch, abermals ein ganzes Eimerchen Marmelade, etwas Obst und Käse ihren Platz in den Stauräumen meines Bootes. Dann mache ich mich rasch weiter nach Norden auf und werde in der Laksebugt zum wiederholten Male von der von mir ständig unterschätzten Gezeitenströmung genarrt, die meinen eigentlichen Kurs in einen weiten Bogen verwandelt. Schließlich lande ich nach einer bescheidenen Tagesetappe an einem idyllischem Kiesstrand an.

Die großzügig bemessene Freizeit des folgenden Ruhetages nutze ich dazu, Fortschritte in der Kunst des Brotbackens zu erzielen. Echtes Brot soll meiner Ansicht nach im Gegensatz zum Bannock mit Hefe oder gar Sauerteig und zudem nicht in der Pfanne gebacken werden. Um zu einem guten Ergebnis zu gelangen, bedarf es großer Geduld und ausreichend Zeit. Trockenhefe hatte mir bereits netterweise Jean Paul geschenkt, meinem Versuch steht also nichts im Wege. Zu meinem Erstaunen geht der Teig, in einen Klarsichtbeutel oder einen dunklen Ortliebsack gesteckt, in der Sonne recht gut auf, wirft richtige Blasen und wird luftig. Während die zur Probe zunächst kleinen Laibe ein zweites Mal gehen, baue ich am Strand einen kleinen Ofen aus Steinplatten und heize mit Treibholz ein Feuer an, um die Steine vor dem Backen zu erhitzen. Dann stelle ich den Topf mit dem ersten Brot in den Ofen, häufe die Glut drumherum und lege behutsam noch ein paar Holzstückchen nach. Bald schon verbreitet sich der verlockende Duft von Gewürzen, Zwiebeln und einer verhaltenen Note Knoblauch; eine Viertelstunde später kann ich das erste knusprig braune Brötchen aufschneiden. Verführerisch dampft es mir entgegen. Warten lässt sich nicht länger, ich eile die Butter zu holen, beiße herzhaft zu und klopfe mir anschließend im Geiste ein bisschen selbst auf die Schulter, diesen duftigen Leckerbissen unter den einfachen Möglichkeiten, die hier zur Verfügung stehen, vollbracht zu haben. Und während ich hingebungsvoll kaue, backt bereits das zweite kleine Brot in dem verrußten Topf vor sich hin.

Die idyllische Umgebung meines Platzes lässt die Entscheidung, einen weiteren Bummeltag einzulegen, äußerst leicht fallen. Doch anstatt den Tag mit Faulenzerei oder genießerischem Müßiggang verstreichen zu lassen, fordert mich die gelegentlich unvermeidliche „Hausarbeit". Natürlich will ich in erster Linie an den gestrigen Backerfolg anknüpfen, in Anbetracht des Umstandes aber, dass ich in wenigen Tagen in Ilulissat wieder unter Menschen komme, auch meine Kleidung ein wenig auf Vordermann bringen.

Und so bin ich bald eifrig am Schaffen und Hin- und Herlaufen. Zuerst will die Wäsche eingeweicht, dann der Teig geknetet werden. Ich baue einen zweiten kleinen Ofen, um mit Hilfe des Kochers genügend Waschwasser zu erhitzen. Bald kann ich die Wäsche walken, den Teig ein zweites Mal durchkneten, zu Laiben formen und schließlich den Backofen vorheizen. Während der erste Laib backt, errichte ich aus alten Latten eine provisorische Vorrichtung für die Wäscheleine, koche noch mehr Wasser für das schmutzige Zeug und begutachte voller Vorfreude den Zustand des zweiten Brotes, das sich in seiner Tüte munter aufbläht und vor sich hin schwitzt.

Im nur spärlich dahingluckernden Rinnsal meiner Süßwasserversorgung nimmt das gründliche Spülen der Kleidung geraume Zeit in Anspruch, und so ist bereits der halbe Tag vorüber, bis die Wäsche zum Trocknen in der strahlenden Sonne hängt und die Brote durchgebacken sind. Leider muss ich, im mir nicht mehr erklärbaren Gegensatz zu gestern, während dieser Tätigkeiten abermals grässlichen Mückenbefall erdulden. Der heutige Tag ist außergewöhnlich warm, mein Thermometer zeigt 20 Grad, und die Flieger sind in entsetzlichem Maße aktiv. Trotz aller Bemühungen des Windes, Abhilfe zu schaffen, fliegen sie mich ununterbrochen an und pflanzen ihren Rüssel ein, wo sie ihn durch Hose und Hemd nur durchzwängen können. In meiner relativ eng geschnittenen „Ausgehhose", die ich zwecks Waschgang anhabe, schwitze ich fürchterlich. Arme und Gesicht durch wirkungsvolles – und sicherlich der Gesundheit wenig zuträgliches – Dschungelöl halbwegs geschützt und den Kopf ordnungsgemäß verschleiert, kann ich meine Arbeit so leidlich und ohne Wutausbrüche verrichten, wohingegen die Schultern und Arme eifrig zerstochen werden und noch bis spät in den Abend hinein jucken. Auch später beim Angeln sind meine Hosenbeine teilweise mit Mücken eingedeckt, so dass sich mit einem gezielten Schlag manchmal fünf oder mehr der Tyrannen erschlagen lassen. Doch was hilft das schon – auch mit Milliarden von dahingerafften Insekten wäre wohl kaum eine merkliche Linderung zu erfahren. Bei so wenig eigener Bewegung während des Angelns, die sonst ja die Mücken doch immerhin wieder aufschreckt und am gezielten Stechen hindert, ist es unvermeidbar, trotz der Wärme der intensiven Abendsonne Handschuhe und Jacke zu tragen. „Ignorier' sie einfach, schenk' ihnen keinerlei Beachtung, dann suchen sie sich schon anderweitige Unterhaltung." Mit solchen und ähnlichen Sprüchen versuche ich, mich zu beruhigen und meine Aufmerksamkeit mehr der wunderbaren Landschaft, die mich umgibt, zu schenken als dem summenden Störfaktor.

Am Abend wechselt das Wetter, der Wind dreht auf Ost, und am Himmel kleben, fast unbeweglich, bizarre, diskusförmige Wolken. Alles Anzeichen für Föhn, einen starken und warmen Wind, der vom Inlandeis herabfällt und sich schnell zum wütenden Sturm aufbauen kann. In jeder offiziellen Broschüre über das Wandern in Grönland wird der Tourist vor diesem Wind gewarnt, dessen Kraft ein Zelt schnell zerdrücken oder zerreißen kann. Für den Fall der Fälle spanne ich mein völlig offen in der Landschaft stehendes Zelt zusätzlich ab, tausche die Steine von bescheidener Größe auf meinen Heringen gegen richtige Brocken aus und sammle im Strandgut alte Latten und Balken für den Fall, dass ich mein Zelt bei starkem Sturm abbrechen und beschweren muss. Drückend und beinahe ein wenig bedrohlich liegt die Temperatur nachts um drei Uhr immer noch bei ungewöhnlichen 10 Grad, und sogar zu dieser sonst so friedlichen Stunde muss ich während des Zähneputzens immerfort gehen und mich möglichst viel bewegen, um nicht Mücken auf Mücken schlucken zu müssen. Noch viele Stunden streicht der ungewöhnlich warme Wind ohne Unterlass über die Tundra, rüttelt bisweilen kräftig an meinem Zelt und hindert mich lange Zeit an tiefem Schlaf.

Im Labyrinth des Eises
(Kangia – Qeqertaq)

Der befürchtete Sturm ist ausgeblieben, der Wind hat sich irgendwann in der Nacht gelegt, und abermals steht die Sonne hoch am Himmel, als ich aufwache. Beim Kontrollgang zum Boot muss ich verärgert feststellen, dass meine gestern gefangenen und sorgfältig geputzten Dorsche verschwunden sind. Gemäß des Seglers Rat wollte ich sie vor dem Verzehr ein paar Tage aufbewahren, damit ihr Fleisch mehr Konsistenz und Bissfestigkeit bekommen sollte. All die andere Zeit, als ich Dorsch aß, war ich nämlich über das kulinarische Erlebnis – obwohl ein Liebhaber von allem Fisch – von dessen Fleisch nur wenig angetan. Von der Angel direkt in die Pfanne oder in den Topf befördert, war es stets irgendwie labberig und weich, gänzlich anders, als ich es von diesem Fisch sonst gewohnt war. Erst der Franzose klärte mich darüber auf, dass Fisch zwar durchaus frisch, aber eben auch nicht zu frisch zu sein habe, auch sein Fleisch in aller Regel etwas abhängen muss, um den angenehmen und typisch nussigen Biss zu erhalten.

Jetzt liegt lediglich die zerfetzte Tüte dort, wo ich sie gestern abend zum Kühlen verborgen und mit zahlreichen Steinen beschwert hatte, die Fische jedoch sind spurlos verschwunden. Sicherlich wurden sie Opfer der hungrigen Füchse, die regelmäßig und dennoch häufig unbemerkt den Strand nach Essbarem absuchen. Nun, für dieses Mal war es wohl nichts, doch hat es bisher glücklicherweise noch an keinem Platz an Dorsch gemangelt.

Meine Fahrt führt heute endlich weiter in Richtung des großen Eisfjordes Kangia (Jakbshavn Isfjord), entlang ruhiger Küste und häufig über so klares Wasser, dass ich bisweilen ganze Schwärme von Dorschen ausmachen kann, die mit behender Bewegung unter meinem Boot entlangziehen oder ein anderes Mal fast regungslos über dem Boden stehen. Kurz vor der Siedlung Ilimanaq (Claushavn) holt mich ein Motorboot ein. Der Grönländer und ich plauschen ein wenig in der Sonne, schweigen auch bisweilen und lauschen der Stille. Sein Dänisch ist nicht allzu flüssig, die Konversation beschränkt sich auf eher Allgemeines. Schließlich paddle ich wieder von dannen, um direkt am Eis des mächtigen Kangia mein Lager aufzuschlagen. Bei der ehemaligen Inuit-Siedlung Igdlumiut, von der jetzt nur noch die zu formlosen Haufen zerfallenen, einstigen Torfhütten zeugen, finde ich zwischen einer gewaltigen Moräne aus mächtigen Gesteinsblöcken, Felsen und Schutt und dem dröhnenden Fjord letztendlich ein akzeptables Plätzchen für mein kleines Zelt. Ich habe mein bedeutendstes Etappenziel erreicht.

Unerwartet werde ich aus meiner Ruhe aufgeschreckt und bin irritiert, als ein Motorboot mit vier winkenden Insassen angebraust kommt und anlandet, während ich, auf glitschigen, runden Steinen stehend, meinen Kajak entlade. Jetzt erkenne ich den Grönländer von vorhin wieder, gefolgt wohl von seiner Frau und einem weiteren Paar, die zielstrebig auf mich zukommen. Für eine Sekunde befürchte ich, sie wollen mich wegen der benachbarten Eskimoruinen bitten weiterzuziehen, doch noch ist mir kein Wort der Begrüßung geglückt, da streckt sich mir schon ein Arm mit einer Plastiktüte in der Hand entgegen, und ein freundliches Gesicht spricht auf dänisch die Vermutung aus, dass ich sicherlich hungrig sein müsste. In zwiespältiger Erwartung von tranigem Walfleisch und blutiger Robbenleber luge ich in den Beutel und finde voller Rührung eine reichlich bemessene, gefrorene Portion Nudeln mit Hackfleisch und zwei Fläschchen der hier beliebten Limonade vor. Ich stammele ein paar verlegene Worte des Dankes über diese mehr als unerwartete Freundlichkeit, da sind die beiden Männer bereits damit beschäftigt, in meinem Rücken das Boot das Ufer hinauf zu tragen und mit Kennerblick zu begutachten. Von der Eigenschaft eines Faltbootes, zwecks eines leichteren Transportes zusammengelegt werden zu können, sind sie sichtlich angetan. Ja, praktisch sei das schon, für einen hier sesshaften allerdings nur weniger wichtig. Einen Augenblick später sind dann alle vier damit beschäftigt, die vielen Einzelteile meines umfangreichen Gepäcks zu meinem Lagerplatz zu befördern. Nach getaner Arbeit lassen sich die „Schaulustigen" ins weiche Gras und Moos nieder, rauchen ein wenig und gucken irgendwie erwartungsvoll. Nein, sie wollen nichts angeboten bekommen (mehr als ein paar Kekse hätte ich ohnehin nicht zur Verfügung gehabt), eher vermute ich, dass sie an meiner Behausung interessiert sind. Ein wenig verschämt beginne ich mit dem Zeltaufbau, und kaum habe ich es aus dem Sack geschüttelt, sind augenblicklich vier helfende Hände zur Stelle, die die Unterlage festhalten und mir beim Aufbau des Zeltes unter die Arme greifen wollen. Zu ihrem Erstaunen, ja, vielleicht sogar ein wenig zu ihrer Enttäuschung, gibt es allerdings kaum etwas zu helfen, keine Stange ist zu halten, keine Schnur zu spannen. Mit nur wenigen Handgriffen steht mein kleiner Tunnel; meine Zuschauer sind anscheinend auch von seiner Tauglichkeit überzeugt.

Endlich komme ich dazu, die kleine Gruppe zu fragen, was sie denn eigentlich hier herführe. Ach, sie wollten mich nur mal eben sehen und kurz begutachten, man sei ja auch ein wenig neugierig, bekomme ich zu hören, und einsame Paddler träfe man ja nicht gerade sehr häufig an. Ist ein Kajakfahrer ausgerechnet in grönländischen Gewässern mittlerweile eine echte Sensation? Während des weiteren Gespräches, das sich hauptsächlich um Landschaft, Wasser und Eis dreht, versuche ich, möglichst unverfänglich aus meinen Gesprächspartnern Hinweise darüber herauszukitzeln, wie denn die Mündung des Kangia mit ihren bedrohlichen Kolossen am besten zu überqueren sei. In meiner Fantasie habe ich mir immer ein undurchsichtiges Labyrinth aus Eis ausgemalt, durch das nur Glück, ein Kompass und vielleicht eine Portion Instinkt sicher hindurch führen können. Daher liegt es nahe, dass ich jetzt auf handfeste Informationen echter Kenner hoffe. Doch anstatt lange herumzuschwafeln und zu theoretisieren, lädt man mich kurzerhand ins Boot ein, der Chauffeur gibt Gas und wir jagen über die glatte Wasserfläche hinweg, entlang des gleißenden Eisstroms, bis zu dem Punkt, wo er sich langsam auflöst und in die typischen, mächtigen Eistafeln zerfällt. Eine breite Straße liegt zwischen der knisternden und grollenden Front und ihren Fragmenten, die sich losgerissen haben und behäbig in die offene Bucht hinaustreiben. Direkt im Norden lässt sich die Insel Arve Prinsens Ejland ausmachen, eine wichtige und nicht zu übersehende Landmarke für die Querung des großen Hindernisses, ehe Ilulissat auftauchen wird und ich dann den Bug direkt auf die Stadt richten kann. Ich bin zuversichtlich. Meine Vorstellungen erweisen sich in ihrer Dramatik als recht überzogen.

Nach einer Weile des schweigenden Guckens, Staunens und der Unterhaltung bietet man mir sogar noch an, eben mal ganz ans andere Ufer zu fahren und eine kleine Spritztour nach Ilulissat zu machen – eine nette Geste, die ich aber dann doch nicht annehmen will. Zum einen möchte ich meinen Weg aus eigener Kraft bestreiten, zum anderen fällt es mir schwer, noch mehr Dienste der Freundlichkeit in Anspruch zu nehmen. Zurück an meinem Lagerplatz setzt man mich ab, ich stammele etwas zum Dank für das Essen und die hilfreiche Fahrt, dann heult der spuckende und stinkende Motor auf, und die kleine Gruppe ist bald meinen Blicken entschwunden. Ich bleibe allein zurück, immer noch verwundert über diese unerwarteten, lieben Gesten und gebe meinem Erstaunen darüber noch in zahlreichen, laut geführten Selbstgesprächen Ausdruck.

Noch vor Mitternacht habe ich nach leichter Kraxelei über den von schmalen Schluchten mit vielerorts senkrechten Wänden durchzogenen Fels den Höhenpunkt von 86 Metern erreicht und blicke auf die ächzende und scheuernde Füllung des Kangia-Fjordes. Zweifellos ist dieser Anblick einer der

ganz großen Höhepunkte auf meiner Reise. In weiter Ferne klebt das Inlandeis auf dem grauen Gebirge und zwängt sich, durch den Jakobshavn Isbræ
kanalisiert, dem Meer entgegen. Die eigentliche Gletscherfront ist mindestens noch vierzig Kilometer entfernt und wirkt starr und unbeweglich.
Kaum zu glauben, dass sich dennoch täglich im Durchschnitt dreißig bis
vierzig Meter Eis lösen, um, endlich frei treibend, auf ihre lange Reise zu
gehen. Der Fjord besitzt beinahe keine blaue Stelle, an der das Wasser sichtbar wird; seine gesamte Fläche ist restlos von Eis bedeckt. Aus rauer, weißer
Schicht ragen bizarr geformte Giganten heraus, deren Spitzen die Höhe meines Hügels noch überragen. Eindrucksvoll gibt sich die in großer Tiefe ver-
steckte Endmoräne des letzten Gletscherstandes zu erkennen, auf deren
Rücken die Eistafeln auflaufen, sich stauen und gegenseitig in die Höhe pres-
sen. Erst wenn der Druck bis ins Unermessliche wächst, geben das Hindernis unter Wasser sowie das Eis nach, und wieder quetscht sich ein Koloss
über die Schwelle in Richtung offenes Wasser und macht sich auf seinen Weg
in den Atlantik. Trotz seiner scheinbaren Starrheit herrscht im Fjordeis eine
ständige Bewegung, sicherlich ausgelöst durch die Tidenströmung.

Eisschollen von bescheidener Größe treiben auf den letzten frei verbliebenen Wasserstellen rastlos hin und her. Möwen setzen zur Landung an und
lassen sich scheinbar vergnügt umherfahren. Unaufhörliches Knirschen,
Glucksen, Ächzen und Stöhnen geht vom Fjord aus. Die Geräuschkulisse
ist unbeschreiblich in ihrer Vielfalt und verleiht der toten Materie echtes
Leben, eine wahrhaft, nuancenreiche Stimme. Der Erfindungsreichtum des
Eises, sich in Lauten zu äußern, erreicht beinahe schon die enorme Band-
breite der Formen und Farben dieses Elementes und ist, wie ich sehr bedaue-
re, doch nicht festzuhalten oder wiederzugeben. Er muss einfach erlebt wer-
den. Die tiefen Schwingungen, das Poltern und Knallen breiten sich unge-
hindert weit in der Landschaft aus, überwinden das Gebirge und zeugen
noch in vielen Kilometern Entfernung vom Bersten und Reißen der kalten
Massen. Die Sonne aus dem Nordwesten überzieht die ihr zugewandten
Flanken der Eisberge mit einem goldenen, warmen Glanz, während die
Schattenseiten, fahl und abweisende Kälte ausstrahlend, in mattem Blau und
Grau schimmern. Über der ganzen Szenerie liegt eine Zeitlosigkeit, die einen
schnell vergessen lässt, dass das Eis ganz und gar nicht der Ewigkeit ver-
schrieben ist.

Zurück an meinem Zelt, wärme ich mir voller Vorfreude das Nudelgericht
meiner heutigen Gäste auf, erlaube mir verschämt, ein wenig nachzuwür-
zen, und genieße seit geraumer Zeit endlich einmal wieder Fleisch.

Der dichte Nebel, der mich einen ganzen Tag lang festgehalten hatte, beginnt, sich zögerlich zu lichten. Hastig sind meine Siebensachen gepackt; schon treibe ich mit der kräftigen Tidenströmung ab, die zwischen Ufer und Eis entlangzieht. Ein Blick zurück verrät mir, dass ich in nur wenigen Minuten um über hundert Meter abgedriftet bin. Auch die Flanke des Eisstroms wird von starken Strömungen gesäumt, die allerdings eher von lokaler Bedeutung sind und ihre Stärke und Richtung häufig ändern. Plötzlich kreiseln dem Bug ein paar Strudel entgegen, das Paddel wird widerstandsfrei zum Heck hin gezogen und das Boot verliert an Stabilität, beginnt zu kippeln. Doch bevor ich überhaupt reagieren kann, bin ich schon über die gekräuselte Wasserfläche hinweggeglitten und befinde mich wieder in ruhigen Gefilden. Merkwürdige und unberechenbare Verhältnisse sind das. Seit langer Zeit fühle ich mich wieder einmal unbehaglich und etwas ängstlich.

Doch das Meer bleibt ruhig, die Luft steht still, und umgeben von Eisgehäcksel, treibe ich vor der weißen, gewaltigen Front. Die kleinen und größeren Brocken befinden sich in ständiger Bewegung, ziehen gerade einheitlich auf die Wand der Eistafeln zu und zwingen mich dazu, die Geschwindigkeit deutlich zu drosseln. Häufig ordnen sie sich in Streifen quer zur Fahrtrichtung an, so dass ein Umfahren nicht möglich ist. Dann heißt es, nach der am schwächsten anmutenden Stelle Ausschau zu halten, ich bremse das Boot ab und drücke mich vorsichtig durch das Hindernis. Es folgt ein Klirren und Gluckern, wenn die Eisbrocken aneinander und an der Bootshaut entlang scheuern und im Strudel der Paddelschläge tanzen, dann schließt sich die Barriere wieder hinter mir und Ruhe kehrt ein. Auch heute trügt mich einmal wieder die niedrige Perspektive aus dem Boot heraus, die keinerlei Überblick gewährt. Die Wasserfläche, die sich vor mir ausbreitet, erscheint vollständig von treibenden Eisschollen bedeckt und für mein verwundbares Faltboot beinahe undurchdringlich. Sogar ein Fischerboot, das in einiger Entfernung hin und her fährt, Haken schlägt und überaus planlos in seinen Manövern wirkt, hat augenscheinlich ebenfalls Probleme, eine Ausfahrt aus dem Labyrinth zu finden. Durch das Fernglas kann ich sogar beobachten, wie der Skipper auf das Deck seines Führerhauses steigt, um sich in der schwierigen Situation einen besseren Überblick zu verschaffen. Irgendwie ist mir mulmig zumute. Wie soll ich mir nur meinen Weg bahnen können, wenn sogar ein kräftiges Motorboot in ernste Schwierigkeiten kommt? Schon spiele ich entmutigt mit dem Gedanken umzukehren oder weiter aufs offene Meer hinauszupaddeln in der Hoffnung, dort eine sichere Passage zu finden, da hallt ein Schuss über die Eisschollen zu mir herüber und schlagartig wird mir bewusst, was mir von vornherein hätte klar sein sollen: Der Fischer ist natürlich gar kein solcher, sondern Jäger und nur, um eine bessere Aussicht nach Robben zu ergattern, auf sein Führerhaus geklettert. Das Eis ist ihm freilich keinerlei Hindernis und wird auch mich irgendwie hindurch lassen. Aufs Neue ermutigt, ergreife ich das Paddel und finde bald tatsächlich so viele freie und tiefblaue Wasserflächen vor, dass ich meinen Kurs über längere Strecken kaum zu korrigieren brauche. Dann wieder liegt die Eismauer undurchdringlich und starr direkt voraus und will mich zu einem weiten, ausweichenden Bogen zwingen.

Doch bevor ich auch nur einen kleinen Haken schlagen kann, schiebt sich wie selbstverständlich die „Sarpik Ittuk", eines der drei Küstenschiffe, völlig unerwartet aus dem dichten Weiß, gleitet still die hohe Wand entlang und wird kurz darauf wieder von einer solchen verschluckt. Also gibt es doch weite Passagen zwischen den weißen Monstren, ist die starr anmutende Front doch in ihrem Verband stark aufgelöst und nur ein Mosaik aus gigantischen Eistafeln. Dieser Zusammenhang war mir gänzlich verborgen, auch der Blick durchs Fernglas hilft nicht weiter, sondern presst die Kulisse nur noch stärker in zwei Dimensionen. So halte ich ungefähr auf die Stelle zu, wo eben gerade das Schiff dem Eis entkrochen war. Bald öffnet sich mir der Blick auf zahlreiche Durchfahrten auf die andere Seite der Fjordmündung. Oft halte ich inne, voller Bewunderung für die mächtigen Eisberge, fühle mich in meinem winzigen Boot klein und ihren Launen gänzlich ausgeliefert. Der Zusammenbruch einer Eisbergflanke könnte, trotz respektvollen Abstandes, mein Ende bedeuten. Im kleinen Maßstab durfte ich bereits schon häufiger Zeuge von Kalbungen und Kenterungen werden, wobei ich jedesmal einen gewissen Schrecken nicht abwehren konnte. Die Geschwindigkeiten der Wellen, die bei einem derartigen Kollaps entstehen, sind atemberaubend hoch. Hinzu kommt, dass die Wogen erschreckend hohe Amplituden bei gleichzeitig kurzen Wellenlängen besitzen und drohen, dem Paddler, der sich leichtfertigerweise in ihrer unmittelbaren Nähe befindet, das Rückgrat zu brechen. Der einzige Schutz ist dann der Gang ins Wasser, das bewusst ausgelöste Kentern.

Genau hier hat auch die berühmte Eskimorolle ihren Ursprung: Nicht um sich nach einer ungewollten Kenterung wieder aufrichten zu können – denn einem guten Fahrer passiert das nicht – wurde sie erfunden, sondern um sich vor den schnellen und zerstörungsstarken Wellen von berstenden Eisbergen in Sicherheit zu bringen. Ein schlanker grönländischer Kajak kann solche Wellen nicht emporreiten, vielmehr schneidet er direkt durch sie hindurch, wobei dem Fahrer das Genick oder das Rückgrat gebrochen werden kann.

Nur durch das kurze, bewusste Eintauchen ins eisige Wasser kann sich der Fahrer der Gewalt entziehen, um sich, nachdem die Gefahr über ihn hinweggerollt ist, dann behende wieder aufzurichten. Ein verhältnismäßig breites und plumpes, zudem beladenes Faltboot hingegen lässt sich nicht eskimotieren, so dass der Ausstieg die einzige Möglichkeit zur Selbstrettung darstellt.

Doch wie sehr ich mir diese Gefahren auch vergegenwärtige, es fällt bisweilen unglaublich schwer, der lockenden Versuchung, sich einem dieser Riesen bis auf Tuchfühlung zu nähern oder gar durch eines der imposanten Eistore hindurchzufahren, zu widerstehen. So muss sich wohl die Maus vor der Schlange fühlen, von der lauernden Gefahr gleichermaßen eingeschüchtert wie in Bann geschlagen. Mein Staunen über die ständig gleiche Art der distanzierten Schönheit nimmt kaum ein Ende, ungezählte Male halte ich inne und starre die erhabenen Kolosse demütig an. Nur langsam arbeite ich mich meinem Ziel entgegen. Dann taucht am Ende einer langen Passage schließlich das graue Ufer der Fjordseite von Ilulissat auf und ich halte direkt auf mein großes Etappenziel zu. Zwischen zwei turmhohen und teilweise stark zerklüfteten Wänden aus blauem Eis spüre ich noch einmal ein flaues Gefühl im Magen, erwarte förmlich, dass einer der Riesen mit kubikmetergroßen Stücken nach mir wirft oder mich gleich vollständig unter seinen Trümmern begräbt. Dann aber liegt das gigantische Eisfeld hinter mir, und ich laufe sicher und auch mit einem Gefühl der Dankbarkeit in die Bucht Sermermiut ein. War die heutige Fahrt auch mächtig beeindruckend und faszinierend, vielleicht sogar der Höhepunkt meiner Reise überhaupt, so atme ich doch auch gleichzeitig ein wenig auf, diese Etappe glücklich und von den Launen des Eises unbehelligt hinter mich gebracht zu haben.

Ilulissat möchte ich schleunigst hinter mir lassen, zu stark ist das touristische Gepräge der Stadt. Als Zentrum des gesamten grönländischen Fremdenverkehrs, der sich hier ohne Wenn und Aber um das Eis des Kangia konzentriert, herrscht in dieser Stadt reges Treiben, entsprechende Unruhe und Hektik. Touristeninformationen, die mehr verkaufen als informieren wollen, Anbieter von allerlei Ausflügen, Hubschraubertouren zum Inlandeis und angeblich traditionellen grönländischen Grillveranstaltungen reihen sich an der Hauptstraße aneinander. Meist in Gruppen stehen die gut zahlenden Touristen herum, fachsimpeln und tauschen möglichst laut und mit gespielter Lässigkeit ihre kürzlich gemachten Erfahrungen und Erlebnisse aus. Fast jeder von ihnen scheint ein besonders extravagantes Programm gebucht zu haben, das einzig wahre und die Herausforderung schlechthin – während der Großteil der Reisenden eigentlich doch nur einen vorgekauten Standard abhakt und sich dessen möglicherweise gar nicht einmal bewusst ist. Viel Geld fließt in die Taschen von einigen Leuten, und überaus schnell merkt man, dass vieles nur aufs Absahnen angelegt ist, die schnelle Krone will in der nur kurzen Sommersaison gemacht sein. Sogar im „Pisifik", der offiziellen grönländischen Supermarktkette, kostet hier alles eine Krone mehr als in den Städtchen, in denen ich zuvor meinen Bedarf aufgestockt hatte.

Nachdem mich heute morgen ein unfreundlicher dänischer Touristenführer, noch ohne überhaupt gegrüßt zu haben, von meinem Zeltplatz verscheucht hatte – es wären da die vielen alten Inuitruinen in der Umgebung, derentwegen Zelten dort nicht erlaubt sei (allerdings zeugt davon kein Schild, da man hier mit Ankömmlingen von der Wasserseite her anscheinend nicht rechnet), und überhaupt kämen so viele Touristen hierher, die nicht überall Zelte sehen wollten (aha, da liegt also der Seehund begraben!), möchte ich diesen unfreundlichen und unruhigen Ort so schnell wie möglich verlassen. Bald habe ich meine Besorgungen erledigt, das Nötigste für die nächsten Wochen eingekauft, vergeblich versucht, mit daheim zu telefonieren; dann laufe ich zu meinem Boot zurück, packe zusammen und ziehe in strahlendem Sonnenschein aus der kleinen Bucht. Bevor ich aber die eigentliche Route nach Norden angehe, drehe ich noch einmal um die kleine Landzunge herum und paddle ruhig auf die schmale freie Wasserfläche zwischen dem Eisstrom und dem Höhenrücken am Fjord. Dort oben sitzen und spazieren in kleinen Scharen die Touristen, von denen so mancher nur wegen dieses Blickes hierher kommt (unglaublich aber wahr: so manch gut betuchter Tourist gewährt dem so gewaltigen Naturschauspiel nur einige wenige Tage, schaut mal eben auf einen Sprung vorbei – gesehen, aber nicht erlebt, dennoch abgehakt, Fähnchen auf die Landkarte – what's next?), fotografieren und staunen ebenso wie ich.

Eine gewisse Genugtuung (die von mir aus auch als Überheblichkeit gedeutet werden darf) durchfährt mich dann doch in der Gewissheit, dem anziehenden Eis noch ein gutes Stückchen näher zu sein, mir die Perspektive auf die Trümmer selbst aussuchen zu dürfen und meine Distanz zu ihnen selbst festzulegen, ohne mir von einem großen Organisator vorschreiben zu lassen, was ich denn nun als besonders spektakulär zu betrachten hätte und was nicht. Bilde ich es mir nur ein, oder spüre ich tatsächlich den einen oder anderen neidischen Blick auf meiner Schulter? Einmal wieder ist mir sonnenklar: Trotz aller Entbehrungen, trotz des immerfort gleichen Essens und meines recht primitiven Hausens – heute und gerade in dieser Minute lobe ich mir die unabhängige und möglichst naturnahe Art des Reisens über alles und will mit niemandem tauschen. Bisher habe ich es noch nie geschafft, in meiner (vielleicht begrenzten) Sichtweise den Komfort der Zivilisation mit dem echten, großen Naturerlebnis zusammenführen zu können, und tausche gerne für eine längere Zeit all die schönen und praktischen Annehmlichkeiten des bequemen Lebens zu Hause gegen ein freies und ungebundenes Leben in der Natur ein.

Im Anoritôq finde ich schließlich ein hübsches Plätzchen auf terrassenförmiger Moräne. Hier gibt es alles, was ein guter Lagerplatz bieten muss: Trinkwasser, ein wenig Holz in der Nähe, dazu schöne Aussicht und wirkliche Ruhe. Doch mit weiterer Fahrt nach Norden, nachdem mit Ilulissat zunächst die letzte große Stadt passiert ist, nimmt das Treibholz – und mit ihm glücklicherweise auch all der andere Müll – an den Stränden ab. Der hauptsächlich aus nördlicher Richtung wehende Wind treibt jeglichen Unrat, aber auch alles Holz, das seinen Weg ins Meer findet, nach Süden, wo es von den Stürmen und der Flut an die Strände geworfen wird. Ohne eine größere Quelle für Holz in Form von Latten oder Pfosten muss ich mich ab sofort hauptsächlich mit dem dürren Holz der abgestorbenen Weiden und Zwergbirken begnügen, das ich mit Hilfe von Einkaufstüten in weitem Umkreis sammle. Findet sich gelegentlich doch noch ein Brett oder ähnliches „massives" Holz, dann transportiere ich es manchmal sogar als Vorrat bis zum nächsten Zeltplatz im Boot mit. Was für viele nur Abfall bedeutet und daher unachtsam ins Meer geworfen wird, wird mir zum wichtigen Rohstoff für die Brotbäckerei und so manche besinnliche Stunde der Tagträumerei am Lagerfeuer.

Gestern abend hatte ich noch eine Portion Brotteig mit dem selbst angesetzten Sauerteigstarter mit in den Schlafsack genommen, wo er über Nacht herrlich gegangen ist. Heute soll noch vor der Abfahrt gebacken werden. Ein schwerer Steinbrocken dient mir als altertümliches Werkzeug zum Zerschmettern einer Planke aus einer Palette, die ein Sturm auf den Strand geworfen hat, und mit reichlich Feuerholz gesegnet, läuft der Ofen bald auf Hochtouren. Schnell verstreicht die Zeit beim Backen, und noch ehe ich fertig bin, ist der Tag so weit fortgeschritten, dass die Trägheit siegt und ich den Aufbruch auf morgen vertage. Dafür wird gebacken, was die Vorräte hergeben. Ich setze noch eine Portion Hefeteig an und verarbeite sie zu knusprigen Laiben. Und um auch etwas richtig Ungesundes genießen zu können, komponiere ich mit Zitronenpfeffer, Rosinen und Zucker ein paar süße Bannocks. Und wie ich so mit diesen Küchentätigkeiten beschäftigt bin, regt

Im Torssukatak

Am späten Abend kommen die ruhigsten und schönsten Stunden

Quirlige Kinder in Qeqertaq

Stille so weit der Himmel reicht

Wahrzeichen von Sisimiut: alte dänische Kirche mit Torbogen aus Walkiefern

Grönländische Rostromantik

Neugierige Polarfüchse sind keine Seltenheit

Der mächtige Jakobshavn Isfjord (Kangia) von der südlichen Seite

Schärenküste nördlich von Sisimiut

Das treue Gefährt vor seiner Jungfernfahrt

In den Fjorden finden sich besonders kräftige Saiblinge

Wirbel eines Großwals

Leuchtende Farben in frühherbstlicher Tundra

*Ausgedient – das Verhältnis der Grönländer zu ihren
Hunden ist ein ganz anderes als das unsrige*

Die südliche Diskobucht (Sydostbugt) um Mitternacht

Am Diskofjord auf Qeqertarsuaq (Disko)

Letzte Wintergrüße in heller Frühsommernacht (bei Søndre Strømfjord)

Das Inlandeis bei Søndre Strømfjord

sich mit einem Mal das Gefühl in mir, nicht alleine zu sein. „Da beobachtet dich jemand!" – ganz ohne Zweifel meine ich die Blicke eines anderen Wesens auf mir zu spüren. Hastig drehe ich mich um und sehe tatsächlich in das scheue Gesicht meiner Beobachterin. Hatte ich ihr Rufen und Bellen gestern schon oft vernommen, ohne dessen Herkunft genau ausmachen zu können, beäugt mich jetzt aus unmittelbarer Nähe eine kleine, dunkelbraune Füchsin ängstlich und neugierig zugleich. Ich bräuchte nur die Hand auszustrecken und könnte ihre Schnauze berühren. Auf eine von mir bewusst rasch ausgeführte Bewegung reagiert sie erschrocken und weicht sofort etwas zurück, allerdings nicht ohne mich aus den Augen zu lassen. Tollwütig scheint sie demnach nicht zu sein, ihre natürliche Scheu ist noch offensichtlich. Stets um die Ernährung ihres flauschigen Nachwuchses besorgt und dabei selbst so mager, hat sie sich jetzt an mich herangepirscht in der Hoffnung, dass etwas Fressbares für sie abfallen könnte.

Behutsam richte ich mich auf und gehe zum Zelt, wo die Kamera liegt. Dann lasse ich mich wieder am Feuer nieder und warte den zweiten Annäherungsversuch der Fähe ab. Der lässt auch nicht lange auf sich warten, und diesmal wird ihr beinahe flehender Blick nur von einem starrenden Glasauge erwidert. Unglaublich, wie nahe sie kommt, bald ist schon der Naheinstellungsbereich des Objektives ausgereizt – und gerade jetzt verwünsche ich die sonst immer bevorzugte manuelle Fokussierung. Ein paar Schüsse – wahrscheinlich alle unscharf – dann lege ich die Kamera zur Seite und wende mich wieder meinen Dingen zu. Damit mir der Fuchs nicht zu zutraulich und damit zudringlich wird, unterlasse ich eine Fütterung in der Nähe meines Lagers und warte darauf, dass das hungrige Tier wieder abzieht. Bald kann ich sogar ihre beiden Welpen ausmachen, die einen Steinwurf weit entfernt den versteckten Bau verlassen haben und draußen sorglos miteinander spielen und lustig umhertollen. Gleich wird ihnen ihre fürsorgliche Mutter den Misserfolg ihrer Betteltour klarmachen müssen.

Mittlerweile ist alles knusprig ausgebacken – das Ergebnis dieses Backtages kann sich sehen lassen, und zufrieden stelle ich fest, dass ich über die nächsten Tage vor einem Müslifrühstück gerettet bin.

Still liegt die geschützte Bucht in der strahlenden Sonne und verspricht ideales Paddelwetter. Doch kaum habe ich meine Bucht verlassen und bin in die nächste eingefahren, packt mich völlig unverhofft sehr starker Wind von vorne und droht mich zurückzutreiben. Warum, zum Teufel, kommt der scheußliche Wind beim Paddeln immer von vorne und bleibt ausgerechnet dann, wenn man ihn am herzlichsten begrüßen würde, nämlich an Land, zur Freude der Mücken so häufig aus? Scheinbar immer noch nicht völlig die Launen der Natur akzeptierend, spüre ich in solchen Situationen jedesmal Ärger in mir aufsteigen, Wut darüber, dass ich meine Kräfte so sinnlos vergeuden muss, um ans Ziel zu gelangen. Zwar verschaffen mir die Flucherei und der laut herausgeschriene Groll Erleichterung, die Tatsache jedoch bleibt unverändert. So erreiche ich müde und verausgabt die nächste Halbinsel, lasse mein angeleintes Boot im Wasser treiben und überzeuge mich nach einem Blick von einem Hügel auf den Pâkitsoq davon, dass der Wind jede Anstrengung, die Route fortzusetzen, im Moment mit Hohn bedenken würde. Treffliche Angelmöglichkeiten tragen dazu bei, mir die Zeit zu vertreiben, und so mancher Dorsch findet auf dem glatten Felsen sein tragisches Ende. Ein kräftiger Schlag mit dem Messerrücken auf den Kopf, starres und ungläubiges Glotzen der Fischaugen, dann bringt ein beherzter Stich zwischen die Brustflossen den schnellen Tod. Meine Tüte füllt sich wieder mit Fischfilets. Wie schon am vorigen Platz, streunen auch hier zwei kleine Füchse am Strand herum und spähen zwischen den während der Ebbe freigelegten Steinen nach angeschwemmter Nahrung. Später durchsuchen sie sogar eifrig mein Boot, leider ohne Erfolg. Hier will ich nicht so hartherzig sein wie gestern und deponiere die Fischabfälle auf einem Stein am Strand, wo sie nach nur kurzer Zeit spurlos verschwunden sind.

Auch gegen Abend will sich der Wind nicht legen, und abermals an Ort und Stelle festgenagelt, schlage ich leicht resigniert mein Lager auf. Um nicht gänzlich aus der Bewegung zu kommen, besteige ich abends einen kleineren Berg und berausche mich an der immerfort gleichen und dennoch so wechselnden und ewig neuen Szenerie aus kahlem Gebirge, Eis und blauem Meer. Keine Menschenseele ist zu sehen, kein zivilisatorisches Geräusch zu vernehmen, kein Schiff, das die weite Wasserfläche durchpflügt, kein spritziges Motorboot, das über die Wellen prescht. Wie schon so oft zuvor fühle ich mich wie ein kleiner Bergkönig, hoch oben über einem wunderbaren und geheimnisvollen Reich. Trotz der überwältigenden Ruhe und Aussicht auf dieser bescheidenen Anhöhe muss ich zu meinem Bedauern bald feststellen, gleichzeitig ein Schauspiel ganz anderer Art zu verpassen. Denn während mir hier oben der Wind um die Ohren pfeift und mich zum baldigen Verlassen der zugigen Höhe veranlasst, zieht im Blickfeld meines Fernglases und nur einige hundert Meter von meinem Lager entfernt ein großer Wal anmutig seine Kreise. Der Wind zerstäubt seinen dampfenden Blas, die Wellen brechen sich weiß schäumend über dem Rücken des Tieres, dann verschwindet der Riese wieder für eine Weile in der Tiefe, um in naher Umgebung wieder für ein paar Momente an der Oberfläche zu erscheinen. Ob wohl jemals ein solcher Wanderer der Meere bis auf nur einige wenige Bootslängen an mich herantauchen wird?

Der Juli neigt sich seinem Ende zu; ich habe die Halbzeit meiner Reise erreicht. Vorerst aber, so scheint es mir, soll mir wohl der weitere Weg nach Norden verwehrt bleiben. Schon seit dem frühen Morgen bläst es kräftig aus nördlicher Richtung, die Fjorde sind mit weißen Schaumkronen übersät, der Seegang für mein kleines Boot und meine begrenzten Kräfte dementsprechend zu schwer. Langsam beginnt mich das Lüftchen um meine Nerven zu bringen. Auf der einen Seite macht es alle meine ehrgeizigen Paddelpläne zunichte, auf der anderen Seite will es allerdings auch nicht ganz ausreichen, um mir die fliegenden Plagegeister im leichten Windschatten meines Lagerplatzes vom Leibe zu halten. Die fühlen sich nämlich von der strahlenden Sonne besonders stimuliert und tanzen bei allem, was ich tue – fischen, filetieren, spazierengehen –, wild und penetrant um mich herum. An ihnen lässt sich mittlerweile auch der fortgeschrittene Sommer deutlich erkennen. Denn die gewöhnlichen Stechmücken, selbst allmählich in ihrer Zahl abnehmend, bekommen jetzt von den kleinen und penetranten Gnitzen beunruhigende Verstärkung. Diese sind noch um Klassen aufdringlicher und lästiger als die verhassten Rüsseltiere, ihr Schwirren und Summen ist ganz besonders furchtbar, und auch eine frische Brise reicht nicht aus, sie von ihren Angriffen zurückzuhalten. Zwar stechen sie nicht durch die Kleidung hindurch, dafür krabbeln sie aber auf jedem freien Stück Haut aufgeregt umher, kriechen unter die Ärmelbündchen oder ins Hosenbein, kitzeln dabei wie Flöhe und beißen auch gelegentlich schmerzhaft in die Haut. Erst einmal unter den Gesichtsschleier gelangt, krabbeln sie geschäftig in Ohren, Augen und Nasenlöcher und treiben mich fast zum Wahnsinn. Haben sie sich dann ein wenig beruhigt, ziehen sie es glücklicherweise vor, auf der Gaze des Mückennetzes zu sitzen. Bis ein Windhauch oder eine Bewegung an diesem auch nur leicht wackelt, den ganzen Schwarm aufschreckt und das nervige Krabbeln und Kribbeln aufs Neue beginnt. Laufend ihrer Gesellschaft ausgesetzt, lerne ich, was echter Hass bedeutet. Was gäbe ich nur für einen kräftigen Nachtfrost, der mich von dieser jämmerlichen Plage befreite!

Aus dem Wind mit seinen örtlichen Richtungen, Stärken und Spielarten werde ich auch nach einigen Wochen in Grönland nicht schlau. Blies er aus dem Pâkitsoq noch fächerförmig – mit entsprechend angeordneter Dünung – heraus, erwischte er mich gelegentlich nördlich der Bucht fast direkt von vorne, so dass ich mich, den größtmöglichen Windschutz ausnutzend, dicht an der Felswand entlang hangelte. Und während der Überfahrt über den Atâ Sund oder den Ikerasak auf das Arve Prinsens Ejland zu war die Wasserfläche plötzlich von solcher Glätte, als hätte kein noch so leichter Windhauch sie während der letzten Tage auch nur vorsichtig gekräuselt. Nach wie vor ist es jedesmal ein gewagtes Spiel, sich auf Beobachtungen der Hauptwindrichtung von einem Geländepunkt aus zu verlassen. Nur eine Bucht weiter können gänzlich andere Verhältnisse herrschen. Hatte ich bisher mehr die Erfahrung gemacht, dass der Wind bei gutem Wetter vorzugsweise in die Fjorde hineinbläst, so strömt er – wie um mich und meine Beobachtungen zu verhöhnen – die letzten Tage aus ihnen heraus. Langsam zerbreche ich mir über diese Launen nicht weiter den Kopf und lasse mich auch zu keinen eigenen Prognosen mehr hinreißen.

Auf der Halbinsel Marrarsuit bietet sich – wenn auch mit erheblichen Einschränkungen hinsichtlich des Schlafkomforts – doch noch ein kleines Plätzchen für die Nacht an. Zum ungezählten Male bin ich froh, nur ein kleines Zelt mit mir zu führen, denn größeren Wanderpalästen steht häufig nicht das geeignete Grundstück ohne Steine oder nassen Torf zur Verfügung. Um nicht bald ohne Brot dazustehen, knete ich abends noch auf die Schnelle einen Teig, den ich wieder zum Gehenlassen mit in den Schlafsack nehme.

Zum ersten Mal während meiner Reise wird mir heute deutlich bewusst, dass mir die Musik fehlt. Häufig habe ich beim Paddeln oder Spazierengehen laut und ausgelassen gepfiffen und gesungen oder auch nur leise vor mich hin gesummt, jetzt aber vermisse ich ein Instrument. Musik, wiedergegeben durch ein Instrument, hat mir schon immer, als eine Form des Ausdruckes meines Gemütszustandes, sehr viel bedeutet. In der Musik sehe ich die größten Tiefen und bewunderungswürdigsten Fähigkeiten des menschlichen Geistes. Es versetzte mich immer um so mehr in Erstaunen, dass ich, wenn ich mich auf größeren Reisen in großartiger Natur befand, die Musik nie oder zumindest erst sehr spät als wesentlichen Bestandteil meines Lebens vermisst hatte. Allem Anschein nach wirkten Natur und Landschaft auf mein Inneres so ausgleichend, dass es der Seele nicht an besonderem Ausdruck bedurft hatte. Heute aber verspüre ich eine starke Sehnsucht nach Melodien und Harmonien, fröhlich oder melancholisch, ernst oder ausgelassen. Die Großartigkeit des Landes vermag mich in diesem Augenblick anscheinend nicht vollkommen auszufüllen. Auch wenn ich das Instrument eigentlich so gut wie nicht beherrsche, so gäbe ich heute doch mindestens eine Rolle Kekse oder auch mehr für eine Blockflöte, auf der ich wenigstens einfache Melodien spielen könnte. Sicherlich wäre es romantisch, auf den Felsen zu sitzen und die Töne vom Wind weit in die Landschaft hineintragen zu lassen, mit den nackten Bergen, dem Meer und der Tundra als den einzigen Zuhörern. Doch zu Hause hatte ich ein kleines Rucksackinstrument aus damals nachvollziehbaren Gewichtsgründen letztendlich doch wieder aus dem Gepäck sortiert. Vorerst muss ich also weiterhin auf Musik verzichten oder zumindest mit meiner dürftigem Stimme und einem ebensolchen Repertoire an Liedern vorlieb nehmen.

Die lange Periode des brennenden Sonnenscheins ist vorerst vorüber; der wechselhaftere August beginnt. Über Nacht hat es ausgiebig geregnet, nicht besonders heftig, aber dafür über Stunden. Mein gestern mühsam zusammengetragenes Feuerholz ist größtenteils nass und zum Backen nicht geeignet. Von jedem Ästchen muss zunächst die Rinde, unter der die stärkste Feuchtigkeit sitzt, mit dem Taschenmesser entfernt werden, damit sich ein brauchbares Backfeuer entzünden lässt. Es dauert und dauert, bis endlich ein ansehnlicher Haufen auf diese Weise aufbereitetes Weiden- und Birkengestrüpp neben mir liegt und die Bäckerei beginnen kann. Ständig muss das Feuer geschürt, muss geblasen, gefächert und gestochert werden, um eine ausreichende, gleichmäßige Hitze zu erzielen. Wiederholt droht das funzelnde Feuerchen zu erlöschen und meine Anstrengungen beim Backen zu vernichten. Meine Geduld wird stark strapaziert. Der Holzvorrat ist nahezu aufgebraucht, als dann doch noch zwei knusprig und lecker aussehende Brote auf dem Felsen liegen.

Abermals beginnt es zu regnen. Grau und bedrückend stülpen sich die Wolken über die Gipfel der benachbarten Berge. Auf dem Fjord treibt der Wind Eisschollen und Brocken zügig vor sich her und nimmt mir wieder jede Unternehmungslust mit dem Boot. In der mückenfreien Zone meines Zeltes vertiefe ich mich in den Dostojewski-Roman „Aufzeichnungen aus einem Totenhaus", den ich mir bislang streng rationiert hatte. Wie dieser Autor seine sibirische Gefangenschaft und vor allem die Verdammten selbst beschreibt, ist ebenso spannend zu lesen wie unvorstellbar und grausam. Allein seine Schilderung des Lazaretts, des ganzen Drecks und der mangelnden Hygiene, vor allem der stoischen Gleichgültigkeit aller Verurteilten diesen Missständen gegenüber, jagt mir regelrechte Schauer des Entsetzens über den Rücken. Auch wenn meine eigene Reinlichkeit sicherlich einiges zu wünschen übrig lässt, so verspüre ich jetzt doch regelrechten Ekel. Welch ein Glück, so etwas nicht erleben zu müssen! Lieber wasche ich mich über Monate hinweg gar nicht, als dass ich Opfer eines solchen schmierigen Massenbadeereignisses, wie es Dostojewski etwas zu anschaulich beschreibt, werden wollte. Und während draußen der Regen leise über mein Zelt streicht, liege ich lange in meinem Schlafsack und wähne mich in Sibirien, kahlgeschoren, in Sträflingskleidern, mit einer Kugel am Bein, hinter Palisaden gesperrt und in einer Gesellschaft aus Verbrechern, die auf ihre Weise doch ganz menschlich erscheinen.

Bei Dunst und gelegentlichem Sprühregen mache ich mich auf in zunehmend eisigere Regionen. Den zuvor anvisierten „Touristengletscher" Eqip sermia, der täglich von Ilulissat per Motorboot angefahren wird, lasse ich in Anbetracht der stetig sinkenden Wolkendecke kurzerhand aus, zu sehen gäbe es bei dieser Witterung ohnehin nicht viel. Stattdessen wende ich nach kurzer Pause den Bug nach Nordosten direkt auf das Eis des aktiven Kanginlerngata sermia zu. Etwa eine halbe Stunde ist seit meinem Päuschen verstrichen. Ich befinde mich gerade genau in der Mitte des Fjordes, als mein linker Fuß am Steuer unvermittelt ins Leere tritt und ich das Ruderblatt schlaff in seiner Halterung hängen sehe. Wie schon einmal zuvor, jetzt nur an anderer Stelle, hat sich die Schlaufe am Ende des stählernen Steuerseils durch die ungenügend gequetschte Verplombung hindurchgezogen und mich innerhalb einer Sekunde steuerlos gemacht. Zu allem Überfluss stelle ich an meinem Boot eine starke Neigung fest, nach Steuerbord auszubrechen. Nur durch äußerst ungleichmäßiges Paddeln ist es mir möglich, einen wenigstens einigermaßen geraden Kurs zu verfolgen. Wie ich meinen Körper auch ausrichte und auf dem Sitz herumrutsche, um mein Gewicht zu verlagern, wie ich auch das Paddel mal rechts, mal links kürzer oder länger fasse – die Abdrift bleibt. Auch kräftiges Durchziehen auf der rechten und nur sanftes Eintauchen auf der linken Seite hat nicht den erhofften Effekt auf den Kurs. Bis ich endlich Land erreicht habe, wo ich im eiskalten Wasser stehend mit Hilfe einer Zange und eines Steines den Schaden beheben kann, ist mein recher Arm von der belastenden Kurskorrektur sehr müde und schwer geworden. Unterdessen habe ich laut vor mich hingeflucht, auf das Boot und seine Erbauer geschimpft und den ganzen „Ossikram" schlichtweg zum Teufel gewünscht. Jetzt ist glücklicherweise alles wieder so weit repariert, das Ruder arbeitet wie zuvor, und auch in meine ausgekühlten Füße dringt die Körperwärme langsam wieder vor.

Noch ein paar Paddelschläge, und ich tauche ins unübersichtliche Gewirr aus abertausend Eisklumpen des großen Gletschers ein. Meine gesamte direkte Umgebung ist in ständiger Bewegung, Eis treibt, von unsichtbarer Kraft gezogen, vom Ufer weg, ein paar Minuten später wieder zurück und blockiert dabei so manche von mir vorher angepeilte Durchfahrt. Nur die großen Trümmer scheinen still zu verharren, stets bereit für unerwartete Überraschungen. Es knistert, knirscht und blubbert von überall her, das leise und verhaltene Knacken und Glucksen verleiht der Stimmung etwas Urzeitliches und Unwirkliches. Gelegentlich tönt es durch den dichten Dunst grollend und bedrohlich von der kalbenden Abbruchkante des Gletschers zu mir her, und in gespannter Erwartung der heranrollenden Welle steigere ich meine Aufmerksamkeit. Aber unbegründet, noch viel zu weit ist die Eisfront von mir entfernt, als dass auch nur eine leichte Dünung von ihren Kalbungen zu spüren wäre. Ungezählte Male muss ich die Fahrt deutlich zurücknehmen, wenn ich nicht mit unberechenbarer Wucht auf die Eisschollen ringsum auflaufen will. Im stetigen Zickzackkurs, immer wieder nach einem eventuellen Fluchtweg nach hinten spähend, bahne ich mir meinen einsamen und abenteuerlichen Weg.

Plötzlich durchzuckt mich ein jäher Schreck: Auf einer Eisscholle, ein paar hundert Meter entfernt, liegt ein dicker, behäbiger, brauner Klumpen. „Ein Walross!", durchfährt es mich, und in Erinnerung an so manche Schilderung der möglichen Aggressivität dieser Tiere und vor allem eingedenk meiner Verwundbarkeit rutscht mir das Herz in die Hose. Wenn ich doch nur etwas Genaueres erkennen könnte! Auch der Blick durch das Fernglas lässt die braune Masse nur an Größe gewinnen; Konturen oder gar Bewegungen bleiben mir verborgen. Behutsam und möglichst unauffällig setze ich meinen Kurs fort, immer wieder nach dem undeutlichen Objekt spähend. Es vergeht einige Zeit, bis ich erleichtert einsehe, dass meinem Walross, trotz aller Behäbigkeit dieser Tiere, gänzlich die Bewegung fehlt. Aus anderer, späterer Perspektive besehen, besitzt der dunkle Körper auch keinerlei Ähnlichkeit mehr mit irgendeinem Lebewesen. Was mir eben noch Schrecken eingejagt hat, entpuppt sich jetzt schlicht und ergreifend als Dreck, als ganz gewöhnlicher Matsch oder Geröll, Moränenmaterial, das, ehemals ins Eis eingeschlossen, jetzt freitaut.

Keine längere Reise, die mich bislang in die weite Natur geführt hatte, verging, ohne dass ich nicht intensiv an gutes Essen denken musste. Auch heute, inmitten all dieser Unwirtlichkeit, kreisen meine Gedanken lange und intensiv um Kulinarisches. Ich träume davon, ausgiebigst zu essen, zu kochen und vor allem zu backen; male mir aus, ich stünde jetzt zu Hause in der Küche meines Wohnheimes oder meiner Freundin, hätte soeben frisch eingekauft und machte mich jetzt daran, zu braten und zu backen, Teig zu rühren und Sahne zu schlagen, dann den Tisch schön zu decken, um anschließend etwas

Duftendes und Dampfendes genießen zu können. Gerne mochte es dazu draußen regnen oder winden, es steigerte ja doch nur die Gemütlichkeit. Und so säße man dann zu zweit oder in geselliger Runde und freute sich seines Glücks und seines Lebens.

Stattdessen sitze ich in einem engen Boot, umgeben von Eis und nochmals Eis, dem Nebel und dem Sprühregen ausgesetzt. Nicht, dass ich mich im Moment unwohl fühlte, nein, das tue ich wirklich nicht. Ich genieße die eiskalte und menschenleere Stimmung, die mich umgibt, und bin trotz aller kurzzeitiger Bedenken froh darüber, mich in dieses Eislabyrinth gewagt zu haben. Denn nie zuvor habe ich solches – und erst recht nicht aus unmittelbarer Nähe – erlebt. Dennoch kreisen meine Gedanken im Augenblick fast nur um alles, was mit Gemütlichkeit, Essen und Trinken und geteilter Lebensfreude zu tun hat. Vielleicht ist es ja gerade letzteres, was meine Gedanken so anregt, dass ich gerne zusammen mit anderen Menschen dem Leben etwas abringen möchte und dies in der Vergangenheit auch so oft vermocht habe. Nur selten erinnere ich mich, wenn ich jetzt während des Alleinseins ins Grübeln gerate, an Dinge und Erlebnisse, die ich nur für mich alleine in Anspruch nehmen kann. Zum größten Teil konzentrieren sich in diesem Augenblick meine Erinnerung und mein Wunschdenken auf Gemeinschaftliches, Zwischenmenschliches.

So rufe ich auch häufig im Laufe meiner langen Reise die Erinnerung an eine spätsommerliche Paddeltour in Mecklenburg oder an einen herbstlichen Aufenthalt auf der sonnigen Insel Gotland hervor. Ja, kurvte ich nun nicht zwischen Eistrümmern, sondern an reetgesäumten Ufern entlang, würde ich heute abend noch eine Gastwirtschaft aufsuchen, mir ein Bier zapfen lassen und Hecht bestellen. Oder durch ein kleines Städtchen schlendern und noch vor Ladenschluss ein paar Stücke Kuchen ergattern. All diese kleinen und banalen Wünsche hängen an Erlebnissen, die für mich von sehr hohem Wert sind und für die ich nicht dankbar genug sein kann. Hoffentlich werde ich noch lange von ihnen zehren können! Aber gesetzt den Fall, ich säße nun zu Hause, beispielsweise bei den Eltern am reich gedeckten Sonntagstisch, könnte ich es sicherlich genießen, keine Frage. Aber würde ich mich nicht dann – zumindest gelegentlich – ins Eis, in die raue Ungemütlichkeit der nordischen Natur und in mein enges Zelt sehen, weg von allem weichmachenden Überfluss, von aller erlebnislosen Behäbigkeit? Ganz gewiss! Schließlich weiß ich aus Erfahrung ganz genau, dass all diese Luxusträume dahin und im Alltagsleben aufgegangen sind, nachdem auf der Rückreise in den Süden am Hamburger Bahnhof erst ein paar Würstchen und eine Banane verdrückt worden sind. Dennoch lechzt der Gaumen weiter. Aber trotz allem – und das ist ein Punkt, den ich am Rucksackreisen so liebe – weiß ich doch jedes Mal mein warmes, einfaches Abendessen zu schätzen. Es verging bislang kein einziger Tag, an dem ich mich nicht vorher auf diese doch so monotone Kost gefreut hätte.

Als das Eis sich zu lichten beginnt und die freien Wasserflächen größer werden, atme ich auf, erleichtert darüber, die Gefahrenzone hinter mich gebracht zu haben. Ungezählte Male schrammten Eisklumpen und -schollen am verletzlichen Rumpf entlang, rammte der Steven die tückischen kleinen Hindernisse. Für heute soll es zunächst einmal genug sein. Auf der Halbinsel Anap nunâ bleibe ich schließlich am Ende einer kleinen schlammigen Bucht. Fast der gesamte Untergrund besteht hier aus buckeligem Torf, aus Flechten, Moos und Zwergsträuchern, die der stete Regen, Schwämmen gleich, durchtränkt hat. Wieder schlendere ich lange herum, ehe ich ein kleines Plätzchen ausgemacht habe, das meinen Ansprüchen an einen Zeltboden genügt. Dem nicht enden wollenden Sprühregen reicht die Zeit zwischen Ausladen und Unterbringen meiner Dinge im Zelt, alles, was ungeschützt herumliegt, zu durchnässen. Auch ich triefe, als ich mich endlich ins Zelt verkriechen kann. Und wie ich vor wenigen Stunden noch von allerlei Leckereien geträumt habe, so bin ich doch jetzt abermals glücklich, meinen Magen mit der bescheidenen Portion ewig gleichen Reises in Bouillon aufwärmen zu können.

Pausenloser Regen und dichter Nebel machen abermals einen Tag zunichte. In der Hoffnung auf baldige Wetterbesserung, die mir wenigstens einen lohnenden Spaziergang zum Gletscher erlauben würde, verbringe ich den größten Teil des Tages im Zelt und lese meinen Dostojewski zu Ende. Jetzt sind nur noch ein paar Erzählungen übrig, die geistige Kost schwindet dahin wie die leibliche, und rückblickend betrachtet bin ich froh, sie mir so gut wie möglich eingeteilt zu haben. Wenn ich nur während der erzwungenen Pausentage nicht so viel essen würde! Eine Rolle Kekse nach der anderen könnte ich in mich hineinstopfen, hätte ich nur genügend davon, außerdem Schokolade tafelweise. Es fällt so schwer, die Fresslust, die von der nasskalten Witterung obendrein noch gesteigert wird, zu zügeln und mit den Lebensmittelvorräten hauszuhalten. Ohnehin lebe ich bereits deutlich über meine Verhältnisse und bin mittlerweile nahezu darauf angewiesen, Qeqertaq, die nächste und letzte Ortschaft der Bootsfahrt, anzulaufen, um neue Nahrungsmittel und den ein oder anderen Glücklichmacher zu erstehen.

Der wabernden und rieselnden Waschküche zum Trotz, raffe ich mich am späten Nachmittag doch noch zum Aufbruch auf. Der stete Nieselregen und die hohe Luftfeuchtigkeit sorgen in meiner Planenbehausung für eine zunehmend widerliche Atmosphäre. Dicke Kondenswassertropfen rollen über das Innenzelt, zwängen sich durch das Gewebe und durchfeuchten Schlafsack und Kleidung. Widerwillig stopfe ich die klammen Sachen in die nassen Packsäcke und diese in das ebenfalls nasse Boot. Die Ebbe hat die seichte Bucht in einen großflächigen Morast aus weichem Schlick verwandelt – weit muss der Kajak getreidelt werden, bis ausreichend Wasser unter dem Kiel die Fahrt zulässt. Doch kaum bin ich eine halbe Stunde gepaddelt, empfinde ich die Wetterlage gar nicht mehr als so unfreundlich wie noch kurze Zeit zuvor in meinem Schlafsack. Sind erst einmal die klammen Fingerspitzen wieder von warmem Blut durchströmt, aus den klebrigen Gummihandschuhen befreit und auch der restliche Körper aufgeheizt, so dass die feuchte Jacke sogar schon das Schwitzen fördert, kann ich mich vollends der eindringlichen Mystik von Eis, Dunst und Nebel hingeben.

Was für eine Ruhe! Nur das Plätschern des Paddels, das Gurgeln des strudelnden Kielwassers und das dumpfe Grollen von berstendem Gletschereis aus dem unsichtbaren Hintergrund lassen sich vernehmen. Nicht ein einziger schriller Vogelschrei dringt bis zu mir vor, keine verspielte Robbe durchbricht die Wasserfläche. Es ist einfach wunderbar, so friedlich und einsam. Doch ganz alleine scheine ich dennoch nicht hier draußen zu sein, denn später löst sich pulsierendes Stampfen aus dem jedes Geräusch dämpfenden Nebel, zunächst noch verhalten und von einem Produkt der Einbildung nicht zu unterscheiden. Die Silhouette eines Menschen gewinnt an Klarheit; ein Heilbuttfischer tuckert in seinem offenen Boot auf mich zu und hebt die Hand zum Gruß. Eigentümlich, so eine Begegnung mitten im Nichts. Ich bin unschlüssig, ob der bevorstehende Plausch mit dem Fremden eine willkommene Abwechslung für mich ist oder ob die Anwesenheit eines anderen Menschen mein Erleben dieses Augenblicks nicht sogar eher stört. Ich gehe längsseits, und über die Bordwand tauschen wir ein paar Belanglosigkeiten aus. Ohne sich auch nur zu einer kleinen Regung im Gesichtsausdruck hinreißen zu lassen, stellt mir der alte Mann zwischen zwei tiefen Zügen aus seiner Pfeife ein paar gewöhnliche Fragen: Woher, wohin, warum?, und zum wiederholten Male gebe ich die alte Leier von Erlebnis, Abenteuer und Liebe zu rauer Natur als Auskunft. Dass jedoch dieser Fischer, der, um seinen sicherlich nicht üppig ausfallenden Lebensunterhalt zu verdienen, sicher tagein, tagaus den eisigen Fjord befährt, mit klammen Händen die lange Leine beködert und von ihr den Fang erntet – dabei ständig Regen,

Nebel und Dunst ausgesetzt – für meine Beweggründe, hier freiwillig herumzupaddeln, Verständnis aufbringt, kann und darf ich freilich nicht erwarten. Viel fällt uns bald nicht mehr ein, worüber wir uns unterhalten könnten. Außerdem besteht hier, in der abgeschiedenen Provinz, zwischen den älteren Menschen und mir nach wie vor eine Sprachbarriere. Dänisch hat dieser alte Mann womöglich erst in fortgeschrittenem Alter erlernt, und ich kann es häufig nur schwer verstehen, so dass ich, als sich der Fischer mit grönländisch weiterhilft, leider passen muss. Wir trennen uns, und jeder zieht weiter seines Weges, hinein in den Dunst.

Bald erweckt eine unnatürlich anmutende Ansammlung farbiger Flecken – für Häuser zu klein und für Müll zu groß – auf dem dunkelgrauem Fels meine Aufmerksamkeit. Durchs Fernglas kann ich bald mehrere rote Paddelboote am Strand und darüber fünf, nein, sechs Zelte ausmachen. Es muss eine ganz schön große Gruppe sein, die sich dort angesiedelt hat – die ersten Paddler überhaupt, die ich hier treffe. Nach dem nur kurz ausgefallenen Schnack mit dem Fischer bin ich jetzt plötzlich für eine längere Unterhaltung aufgelegt und halte direkt auf die Gruppe zu. Dort hat man mich jetzt ebenfalls wahrgenommen, und der eine oder andere beginnt gemächlich zum Strand hinunter zu schlendern. „Schon wieder Franzosen," denke ich mir nach einem kurzen Blick auf ihre Boote, „dort ist Grönland zur Zeit wohl richtig in Mode!" Drollig sehen sie aus in ihren Gummistiefeln, den Paddelanzügen und den dichtschließenden Jacken, bemützt und behandschuht. Ein paar Worte werden „über die Reling" getauscht, dann lädt man mich freundlich auf eine Tasse Kaffee ein. „Bien sûr!" – schließlich erhalte ich nicht jeden Tag so nette Angebote.

Ungläubig verfolgen mehrere Augenpaare, wie ich eifrig im Wasser herumwate, in mehreren Gängen zum Ufer das Boot um einige Gepäckstücke erleichtere, ehe ich es schließlich vorsichtig mit dem Bug auf dem Strand auflege. Als dann noch meine bloßen Beine unter der der Länge nach offenen Regenhose hervorschauen, ergreift wohl manchen ein gewisser Zweifel bezüglich meiner geistigen Unversehrtheit. Nur in Hemd, Jacke und Schwimmwestchen, kurzer Hose und Turnschuhen – il est fou! Für die vermummten Gestalten muss ich wohl nicht mehr ganz bei Trost sein, und ich stelle mir vor, wie der eine oder andere beinahe mitleidig innerlich den Kopf schüttelt über les Allemands... Dicht um ihren altertümlichen Petroleumkocher Marke Erster Weltkrieg gedrängt, der angeschlagen vor sich hin spuckt und niest und sich dennoch alle Mühe gibt, den großen, verrußten Teekessel aufzuheizen, sind wir, heißen Kaffee und leckeren Mirabellenschnaps schlürfend, schnell in ein lebhaftes Gespräch vertieft. Sie berichten von ihren Plänen, ich von meinen bisherigen Erlebnissen, und oftmals blicken wir gemeinsam schweigend in Erwartung von irgendetwas Ungewöhnlichem, vielleicht eines Wales, hinunter auf den Fjord. Einig sind wir uns auch hinsichtlich des Wetters. Gemeinsam verwünschen wir die nun seit Tagen andauernde Waschküche und setzen all unsere Hoffnungen auf das zögerlich steigende Barometer. Zügig schreitet die Zeit voran, bei nur einem lausigen Plusgrad bewegt mich spät am Abend nichts mehr ins Boot. Schließlich schlage ich mein Zelt neben den Franzosen im feuchten Torf auf.

Reges Treiben der aufgewachten und mit Packen beschäftigten Gruppe lockt mich ebenfalls aus dem Schlafsack. Wie ich später, immer wieder Gepäckstücke vom Strand ins Wasser tragend und bis über die Knie im Wasser stehend, mein frei schwimmendes Boot mühselig belade, versichert mir einer der Gruppe mit verständnislosem Kopfschütteln und unter vier Augen noch einmal, dass es purem Masochismus gleichkommen muss, bereits am Morgen mit nackten Beinen im eiskalten Wasser zu planschen. Ich lache und winke ab, nein, so schlimm sei es nun wirklich nicht, man gewöhnt sich doch schnell an so viel! Eklig wird es nur dann, wenn erfolglose Zeltplatzsuche zum wiederholten Ein- und Aussteigen zwingt und sich das Wasser in den Neoprensocken immer wieder austauscht und erneut aufgewärmt werden muss. Dann gibt es in der Tat kalte Füße. Aber das alles nehme ich doch wesentlich lieber in Kauf, als bei milden Temperaturen oder bei Sonnenschein in einem Neoprenanzug elendig zu schwitzen. Viele au revoirs werden gerufen, man winkt sich zu, dann paddle ich bald durch das sich zunehmend verdichtende Eisfeld des Torssukatak.

Unzählige Male rammt der Bug kleinere Trümmer; oft gleitet das Boot eben gerade noch an größeren Brocken vorbei, ohne heftiger anzustoßen. Besonders tückisch sind die flachen Eisschollen, deren Kanten durch tagelanges Schmelzen an der Wasseroberfläche messerscharf geworden sind und die für die empfindliche Bootshaut eine ernsthafte Gefahr darstellen. Mitunter lässt es sich nicht vermeiden, an ihnen entlangzuschrammen. Nur Sekunden später betasten meine Hände die erreichbare Seite des Rumpfes auf der ängstlichen Suche nach einem Leck. Doch das Material ist fester, als ich gedacht hatte; ich bleibe trocken und der Kajak unbeschädigt. In verworrenem Zickzack verläuft mein Kurs. Das Ziel am anderen Ufer versuche ich schon gar nicht mehr direkt anzuvisieren, heute müssen mir der durchschnittliche Kompasskurs und die ungefähre Vorstellung von der einzuschlagenden Richtung zur Navigation genügen.

Gelegentlich bleibe ich mit dem Boot förmlich in einer Sackgasse stecken. Es geht einfach nicht weiter, auch dann nicht, wenn ich den Bug mit sanfter Gewalt gegen das gläserne Hindernis drücke und mit lang ausholendem Paddelschlag den Schub erhöhe. Will dieses nicht weichen, geht es vorsichtig im Rückwärtsgang zurück in freies Fahrwasser, und die Suche nach einer alternativen Passage durch das Labyrinth beginnt aufs Neue. Erleichtert kann ich immerhin feststellen, dass mich das Eis nicht fest umfasst, sondern in eine Richtung immer einen Fluchtweg offenhält, mir im Zweifelsfalle immerhin noch der Weg zurück bleibt. Mitunter macht schnell aufziehender Nebel die Orientierung zur Gefühls- oder sogar zur Glückssache. Aber ebenso plötzlich, wie mich die Schwaden eingehüllt haben, so schnell geben sie mich auch wieder frei und wabern weiter in den kalten und erstarrten Fjord hinein. Welch eine Stimmung, was für eine Märchenwelt darf ich hier erleben! Wie schon zahlreiche Male zuvor auf anderen Reisen, durchströmen mich innige Freude und ein Gefühl der Dankbarkeit. Wie glücklich kann ich mich doch schätzen, voller Gesundheit und mit ausreichend Aufbruchsgeist gesegnet zu sein, um mich abermals in diesen Teil der Welt aufgemacht zu haben, der so beständig meine Sehnsucht nährt. Ich verspüre den Drang, mich laut zu äußern, und so singe ich lauthals Lieder, die in meinem Gedächtnis mit Träumereien und großen Erlebnissen verbunden sind und die mich schon auf so vielen Wanderungen und Fahrten begleitet haben. Welch Glück, dass ich all dies mit meinen Augen sehen darf!

Fasziniert und hingerissen vom dichten Eis, seinem Klirren und Kratzen, fühle ich doch auch Erleichterung in mir aufsteigen, als das Getümmel sich letztendlich spürbar auflockert, die größeren Eisberge unbewegt und in sicherer Entfernung hinter mir liegen und ich zielstrebig die kleine Ortschaft Qeqertaq anlaufen kann.

Ajungilak

Qeqertaq, ein kleiner – und beinahe möchte ich sagen lausiger – Ort am Fjord Torssukatak, ist der Scheitelpunkt meiner Bootsreise. Für die letzte Etappe zurück nach Ilulissat will ich mich hier noch einmal verproviantieren, Brot, Mehl und etwas Schokolade erstehen. Noch bevor ich in dem kleinen, nach Fisch stinkenden Hafen anlege, bin ich bereits Objekt der Neugierde von ein paar kleinen Grönländermädchen geworden. Sofort bestaunen sie das blaue Boot, betatschen prüfend das Baumwolldeck und das aufgeschnallte Gepäck und sind überhaupt überaus frech. Sie wuseln ausgelassen um mich herum, necken mich mit unschuldigem Blick, lachen ununterbrochen und finden es anscheinend ganz besonders komisch, dass ich sie nicht verstehe und daher nur etwas verlegen lächeln und mit den Schultern zucken kann. Schließlich lasse ich sie stehen und begebe mich in den kleinen Laden, etwas besorgt um mein Boot, das mit seinem Inhalt vielleicht etwas zu neugierigen Kinderhänden ausgeliefert ist. Noch weiß ich ja nicht, inwieweit sorgsamer Umgang mit dem Eigentum anderer und die Begriffe von „Mein" und „Dein" hier ausgeprägt sind. Dass meine Zweifel nicht völlig unberechtigt sind, erfahre ich bei Verlassen des Geschäftes, als ich einen kleinen Jungen nur durch barsches Zurufen davon abhalten kann, mit faustgroßen Steinen nach meinem Boot zu werfen. Hätte er getroffen, dann...!

Während ich die eben erworbenen wenigen Kostbarkeiten verstaue, von den kichernden kleinen Gören wie von einem Schwarm Mücken umschwirrt, kommt ein etwa vierzig Jahre alter Mann auf mich zugeschlendert, beäugt ein wenig den Kajak und spricht mich sogleich auf dänisch darauf an. Ich solle doch mit ihm nach Hause gehen, eine Tasse Kaffee trinken und ajungilak. Neben den Klassikern der Halbbildung wie Kajak und Anorak ist das Wort Ajungilak nahezu das einzige der Inuitsprache, dessen Bedeutung mir bewusst ist: sich wohl fühlen, es sich gemütlich machen. Nach kurzem Überdenken sage ich zu, schließlich habe ich Zeit und die Wärme einer festen Behausung schon lange nicht mehr genossen. So nehme ich meine wertvollsten Gegenstände an mich und folge dem Fremden und seinem mittlerweile aufgetauchten Freund, der engagiert und voll sichtlicher Vorfreude einen Bierkasten schleppt, nach Hause. Worauf Ajungilak hinauslaufen werden wird, ist demnach ziemlich einfach abzuschätzen. Während wir über schlammige Wege voller Unrat stiefeln, paddelt sein kleiner Sohn – war das nicht sogar der Steineschmeißer? – mein Faltboot aus dem Hafenbecken, angeblich in die Nähe des Hauses meines Gastgebers. Vor der Haustür liegen die allgegenwärtigen, verwahrlosten Köter in ihrem Dreck, es stinkt nach Hundekot und Fisch. Unrat und Gerümpel breiten sich aus und geben dem Haus – wie fast allen Häusern dieses Ortes – ein schlampiges, beinahe primitives Gepräge.

In der Vermüllung dieses Ortes – und einer ganzen Reihe ähnlicher abgelegener Flecken – spiegelt sich für mich das Versagen und die Verantwortungslosigkeit der europäischen Denkweise wider, die eigene Kultur und den eigenen Lebensstil bis zum letzten weißen Flecken der Erde exportieren zu wollen. Die sicherlich gut gemeinten Bemühungen des westlichen Kulturkreises, hier dargestellt von Dänemark, auch in diesen Zipfel der Welt die sogenannte Zivilisation mit all ihren Annehmlichkeiten und Vorzügen zu bringen, erscheinen zweifelhaft, und, wenn man besonders pessimistisch denken will, sogar fruchtlos. Für einen Augenblick spüre ich sicherlich ungerechte, mit der Überheblichkeit des „Weißen" belastete Gedanken in mir aufkommen. „Letztendlich verlottert ja doch alles", geht es mir durch den Kopf. In den Köpfen der Menschen hier hat sich scheinbar nichts geändert; für unser Empfinden sind sie Halbwilde geblieben. Die Problematik, dass nahezu aller Müll der modernen Gesellschaft eben nicht verrottet, nicht von selbst verschwindet wie Fischabfall und Robbeneingeweide, sondern schlichtweg liegen bleibt und die Ortschaften und die Landschaft verschandelt und deshalb auch nicht wahllos herumgeworfen werden darf, leuchtet hier sicherlich niemandem ein. Es stört sich auch kein Mensch daran, dass die schmierigen Wege von allerlei Abfall gesäumt werden, dass der Ort vielleicht in zehn Jahren einer Mülldeponie gleichen wird, auf der Kinder spielen und hungrige Hunde nach Fressbarem scharren – nein, dieser Zustand erfreut sich allgemeiner Akzeptanz. Ich glaube, würde man (zumindest in dieser Ortschaft) einen Grönländer darauf ansprechen, ob er sich durch die Vermüllung nicht gestört, sozusagen seiner Lebensqualität beraubt fühlte, er würde einen wohl nur mit weit aufgerissenen Augen anstarren, rein gar nichts begreifen und kopfschüttelnd seiner Wege ziehen. Freilich ist es aber auch vermessen, ungerecht und ganz einfach falsch, einem Menschen oder gar einem Volk, das in nur wenigen Jahrzehnten aus vorzeitlichen Verhältnissen ins zwanzigste Jahrhundert katapultiert wurde, Vorwürfe zum vermeintlich falschen Umgang mit der verworrenen Problematik des letzteren zu machen. Denn die tatsächliche Verantwortung liegt letztendlich auf unserer Seite.

Innen im Haus ist es allerdings recht gemütlich. Zwar liegen in der Diele Schuhe und Stiefel einfach übereinander und die Kleidung für draußen auf einem wüsten Haufen, doch ist das Wohnzimmer durch und durch komfortabel, aufgeräumt und anscheinend dazu bestimmt, sich, aller Unwirtlichkeit der rauen Landschaft zum Trotz, wohlzufühlen – eben ajungilak. Auf den hölzernen Regalen steht allerlei Kitsch herum, Figürchen und Losbudenporzellan, Bilder in schwülstigen Rahmen, eine Reihe glänzender Pokale, für was auch immer verliehen, und eine Menge weiterer mehr oder minder dekorativer Krimskrams. Dazwischen hängt an der Wand ein für mein Empfinden ganz besonders abscheuliches, in grellen Farbtönen gemaltes Bild mit Jesus und den zwölf Jüngern am Tisch des letzten Abendmahles. Ich muss mich zusammenreißen, dass ich nicht unweigerlich den Kopf schüttele über diesen doch sehr eigenwilligen Geschmack.

Außer dem obligatorischen Fernseher gibt es noch ein Telefon (das von allen Anwesenden, insbesondere den Gästen, die kommen und gehen, gerne und rege benutzt wird), eine Stereoanlage und ein kleines Keyboard, auf dem ab und an einer der beiden älteren Söhne, die gelangweilt auf dem Sofa sitzen und ins Leere zu starren scheinen, ein paar Melodiefetzen oder Akkordfolgen klimpert, allerdings ohne jegliche Ausdauer oder Hingabe. Sollte das Gespräch zu irgendeinem Zeitpunkt auf Musik kommen, werde ich mich hüten zu erwähnen, dass ich selbst lange Zeit Klavier und einige Jahre auch Orgel gespielt habe. Möglicherweise könnte man mich auffordern, auf dem schrecklichen Instrument ein paar Stücke zum Besten zu geben. Wir setzen uns an den Tisch, aus der Thermoskanne gießt man mir einen Rest kalten Kaffees ein. Der Hausfreund mit dem Bierkasten und seinem überaus gutmütigen Gesichtsausdruck bereitet schon eine neue Kanne, aus der man mir bald ständig nachzuschenken versucht, so dass ich meine Tasse gar nicht mehr völlig austrinke. Per Telefon wird schleunigst der Neffe des Gastgebers herbeibeordert, der wohl über eine ausgeprägte Schulbildung verfügt und auch Englisch spricht. Sein Kommen nehme ich mit Erleichterung auf, denn er ist noch ein junger Bursche, und aufgrund seiner Sprachkenntnisse kann ich mich bald flüssig mit ihm unterhalten.

Als im Zuge der Zeit – die Männer trinken schon längst keinen Kaffee mehr – und fortgeschrittenen Bierkonsums das ohnehin nur bruchstückhafte Dänisch meines Gastgebers und seiner Freunde mehr und mehr dahinschwindet, wird mir dieser Junge zum unentbehrlichen Übersetzer und einzigen Gesprächspartner überhaupt, auf den dieser Ausdruck anzuwenden ist. Mittlerweile herrscht im Haus munteres Kommen und Gehen. Die Nachricht vom Ajungilak hat wohl ihre Runde gemacht, Familienangehörige aus enger und fernerer Verwandschaft sowie Freunde und Bekannte platzen herein, setzen sich an den Tisch, mischen sich ins Gespräch ein und sind ebenso plötzlich verschwunden, wie sie aufgetaucht sind. Außer uns vieren, die von Anfang an die Runde ausmachten, ist noch der Gewinner der letzten Hundeschlittenmeisterschaft da, ein hagerer und dunkler Typ, der deutliche europäische Züge trägt. Ihm ist im Oberkiefer nur ein Schneidezahn geblieben, so dass sein Gesicht mit der leicht knolligen Nase an das eines Igels erinnert.

Als ich ihm auf seine Frage hin zu verstehen gebe, dass ich aus Deutschland komme, hellt sich sein Gesicht freudig auf und, als erlebe er gerade den großen Aha-Effekt, kombiniert er meine Herkunft mit „Hitler". Dazu grinst er breit und macht die leicht zu verstehende Peng-peng-Geste, ganz so, als sei besagter Mann als überaus erfolgreicher und verehrungswürdiger Robbenjäger in die Geschichte eingegangen. Erleichtert nehme ich zur Kenntnis, dass eine verzwickte historische Diskussion hier wohl kaum zu befürchten ist.

Ein anderer Gast, der ständig nur breit grinst, dabei fast gar nicht spricht und von allen gutgemeint veralbert wird (die ganze Zeit stellt man ihn – aus welchem Grund auch immer – zur allgemeinen Erheiterung als Franzosen vor), erinnert mich mit seinem kurzen, dichten Haar und dem zufriedenen, frohen Gesichtsausdruck an einen Teddybären. Irgendwann wird ihm die Neckerei wohl zu blöd, und er verabschiedet sich von der Runde und dem stetig wachsenden Flaschenmeer. Mittlerweile habe auch ich mir ein Bier genommen; augenblicklich wird mir ein Glas gereicht. Alkohol nicht mehr gewohnt, muss ich langsam trinken, um nicht selbst dem mehr und mehr um sich greifenden Dusel zu verfallen. Die Namen der Anwesenden sind übrigens: Jakob (der Gastgeber), Christian (der Dolmetscher), Sven (der Hundeschlittenmeister) und Jens (der Teddybär). Grönländische Namen scheinen eine Zeitlang wohl völlig aus der Mode gekommen zu ein.

Die Männer hier sind allesamt Fischer. Nach nur wenigen Jahren Schule gehen sie ihr restliches Leben dem Heilbuttfang nach, sommers wie winters, bei Sonnenschein und Regenwetter. Nur Christian fällt schon bei flüchtiger Betrachtung aus dem Rahmen. Er hat im Hotel Arctic in Ilulissat Koch gelernt und will sich jetzt zum Ober ausbilden lassen, um dann im größten Hotel Nuuks zu arbeiten. Man merkt ihm schnell an, dass er ein höheres Maß an Bildung und Schule genossen hat als die Generation vor ihm. Sein Denken und seine Auffassung von vielerlei Dingen, über die sich die anderen nicht einmal Gedanken machen würden, ist ganz anders, auch hat er große Zukunftspläne. Mit seinem ersparten Geld will er später mit einem

Freund in Qeqertaq ein kleines Hotel aufmachen, vielleicht mit zehn Zimmern, und in Kooperation mit den Touristenorganisationen in Ilulissat etwas Fremdenverkehr in den Ort bringen. Auf meine Bedenken, dass die Touristen, die kommen würden, etwas erleben und nicht all den Unrat und die Schlamperei im Ort sehen wollten, gibt er seinen Unwillen diesen Verhältnissen gegenüber klaren Ausdruck. Wie ich kann er es nicht verstehen, wie Menschen in der Pflege ihrer nächsten Umgebung so nachlässig sein können. Er würde die Siedlung gern zu einem sauberen Ort machen, sein eigenes Geld in feste und saubere Wege sowie in die Reinigung des Umfeldes investieren. Große Pläne und (noch?) ebensolche Ideale, die Christian mir später bei sich zu Hause lang und breit erläutert.

Mittlerweile sind wir nämlich für eine Weile umgezogen, um bei ihm daheim etwas zu essen. Bei Jakob wurde ebenfalls ein Imbiss genommen, wozu man mich auch herzlich einlud. Doch meine gierige Hoffnung auf das in einem Topf vor sich hinköchelnde und einen leckeren Duft verbreitende Rindfleisch wurde schnell getrübt. Stattdessen gab es Mattak, rohe Walhaut – ein Leibgericht der Grönländer. Auch ich wurde zum Kosten angeregt und, meinen Widerwillen gegen rohes Fleisch überwindend, ließ ich mir von Jakob ein kleines Stückchen Mattak in den Mund schieben. Die Zunge fühlte etwas Glattes und leicht glibberig Anmutendes. Beim Kauen jedoch erweist sich Mattak als zäh und ein wenig knorpelig. Sicherlich nicht jedermanns Geschmack und meiner schon gar nicht, danke, Jakob, aber es reicht. Ich ziehe jetzt das von Christian geschwind zusammengerührte Omelett der Walhaut deutlich vor.

Wieder zurück in Jakobs Haus, zeugen noch mehr leere Bierflaschen und wirre Gespräche davon, dass das Ajungilak schon weit fortgeschritten ist. Versucht einer der Beteiligten, seine Nüchternheit dadurch unter Beweis zu stellen, indem er das Wort an mich richtet, klappt dies bedauerlicherweise endgültig nur noch auf Grönländisch. Die Dänischkenntnisse meines Gastgebers haben sich gänzlich im Bierdusel verflüchtigt. Kommen doch noch ein paar Worte oder bruchstückhafte Sätze über seine Lippen, dann nur noch stockend und unzusammenhängend und für mich von der Landessprache endgültig nicht mehr zu unterscheiden. Ich spüre, dass es langsam Zeit wird zu gehen, trotz des oft angedeuteten Angebots, doch einfach über Nacht zu bleiben. Doch in Anbetracht der Wirtshausstimmung ist mir nicht danach, ich würde mich einfach fehl am Platze fühlen. Außerdem muss ich noch ein Stückchen weiter, die Zeit beginnt zu drängen. Ich verabschiede mich von allen per Handschlag und danke für die freundliche Aufnahme.

Mit meinem Kram unter den Armen verschwinde ich zum Ufer, wohin mir Christian mein Boot bringen will, über dessen Verbleib ich mir schon gar keine Gedanken mehr gemacht hatte. Naiv und gespielt furchtlos marschiere ich zwischen den Hunden hindurch, die im Dreck lagern. Sie springen sofort auf, kommen bedrohlich auf mich zu und beginnen mich aggressiv anzuknurren. „Jetzt nur keine Angst zeigen, lass' sie wissen, wer hier der Überlegene ist," sage ich zu mir, kaum von meinen eigenen Worten beruhigt. Munteres Zusprechen wie „Na, Ihr werdet doch wohl den Philipp nicht beißen" oder ähnliches spare ich mir lieber und sehe stattdessen zu, dass ich mich aus dem Staub mache. Während ich auf den Dolmetscher und mein Boot warte, schiele ich beunruhigt nach den Viechern und überzeuge mich davon, dass ihre Ketten sie auf gebührendem Abstand halten. Unser Abschied ist herzlich, ich danke Christian für die nette Unterhaltung und den Beistand in der Trinkerrunde und paddle schließlich wieder dem eisgefüllten Torssukatak entgegen.

Den Bug wieder südwärts

Mit dem Wind ab Kap Kangârssuk im Rücken, setze ich zügig die zehn Kilometer offenen Wassers nach Agpat über, nur von einem kurzen Schnack mit einem Robbenjäger unterbrochen, der mir freundlicherweise noch eine Flasche Cola zusteckt. Am Ende der schmalen Laksebugt lande ich an knirschendem Kiesstrand an und beeile mich, noch vor dem sich ankündenden Schlechtwetter alles unter Dach und Fach zu bringen. Bald werden die Pausen zwischen den Schauern kürzer, diese zunehmend kräftiger. Die dichte Wolkendecke hüllt die Berge, die meinen Platz umgeben, mehr und mehr in graue Schleier. Hatte ich mir im Juli wegen der Hitze noch von Zeit zu Zeit bedeckten Himmel herbeigewünscht und sogar Regenwetter akzeptiert, nur um von der unablässigen Wärme verschont zu werden, sehne ich mich jetzt doch wieder nach dem Lachen der Sonne, nach Trockenheit und lauer Luft.

Trotz des lang anhaltenden Regens schnappe ich mir am nächsten Tag die Angel und begebe mich ins Hinterland, um es nach Angelmöglichkeiten zu erkunden. Einige Würfe mit dem Blinker in den Fluss führen nicht zum Erfolg, kein Fisch weit und breit zu sehen, kein zappelnder Biss zu spüren. Auch das Ufer des folgenden kleinen Sees gewährt mir kein Fischerglück, nicht mal vernünftig auswerfen lässt sich die Angel gegen den stürmischen Wind, der sich mittlerweile aufgebaut hat. Doch als ich schließlich an der Einmündung des Flusses in den kleinen See ankomme, könnte ich vor Vorfreude auf einen dicken Fischzug wie ein kleines Kind vor der Weihnachtsbescherung herumhüpfen. Einwandfrei lässt sich die eine oder andere in der Strömung wedelnde Rückenflosse an der Wasseroberfläche ausmachen, nicht aufgeregt umherflitzend, sondern gemächlich dahinfahrend und wieder abtauchend. Als auch noch die ersten Flossenträger aus dem Wasser schnellen und platschend wieder zurückfallen, kann ich die Angel überhaupt nicht schnell genug ausfahren und klar machen. Hektisch fummle ich an ihr herum, verdrille dabei die Schnur und steche mich mit den Haken in die Finger. Das Jagdfieber ist entfacht, ich spüre ein seliges Kribbeln unter der Haut und erwarte bald erregt den ersten Ruck in der Schnur. Der lässt nicht lange auf sich warten, es zuckt und rüttelt, und bald blinkt das erste Opfer meiner Jagd, dem Ufer bereits nahe, aus der Tiefe zu mir herauf. Jetzt ganz vorsichtig drillen, nur nichts überstürzen und nervliche Ausdauer zeigen. Schließlich hatte ich den einen oder anderen Abendschmaus zuvor schon wegen meiner fiebrigen Ungeduld verloren. Ein paar Minuten noch dauert der Kampf, dann liegt der herrliche Fisch, ein wahrer Kämpfer, der sich auch auf dem Land noch nicht so leicht geschlagen geben will, zappelnd und sich windend vor mir. Ein kräftiger Hieb und ein gezielter Stich durch die weiße Haut zwischen den Brustflossen, dann geht die Jagd weiter.

Der nächste Kandidat stellt schließlich alles in den Schatten, was mir in Grönland zuvor an Edelfischen an den Haken gegangen ist. Kein aufgeregter, panischer Kampf ist zu spüren, vielmehr bleibt der Saibling zunächst nur an Ort und Stelle stehen, lässt sich weder lenken noch einholen. Dann plötzlich rast er wie ein Torpedo mit ungeheurer Geschwindigkeit durchs Wasser. Mit einem Mal hängt die Schnur schlaff durch, ganz so, als hätte ich den Kerl verloren, und spannt sich nach wenigen Sekunden wieder ruckartig aus vollkommen anderer Richtung. Beim Anblick seiner Sprünge will mir das Herz beinahe in die Hosentasche rutschen, und mitunter sorge ich mich darüber, wie ich alleine einen solchen Fisch überhaupt verzehren soll – ich hatte doch eigentlich nur für eine Person bestellt!

Endlich lässt er sich ermattet über die glatten Steine des Ufers schleifen und ergibt sich in sein Schicksal. Meine Finger sind vom Schleppen der eiskalten, nassen Fische bei Sturmböen beinahe gefühllos und steif geworden, und erleichtert lasse ich die Beute an meinem Lagerplatz zu Boden fallen. Dort jedoch hat sich während meiner Abwesenheit irgendetwas verändert, ich spüre es mehr, als dass ich es mit dem Blick wahrnehme. Mein kleines Zelt trotzt zwar noch munter und unverändert dem ablandigen Wind, doch am Boot hat sich anscheinend jemand zu schaffen gemacht. All das Gerümpel, für das ich an Land keine Verwendung habe, Schwimmweste, Gummihandschuhe, Neoprensocken und Ösfass, liegen frei herum und nicht unter dem umgedrehten Boot, wo ich diese Dinge gewöhnlicherweise verstaue. „Füchse", denke ich erheitert, diese kleinen und neugierigen Kerle sind einfach nicht zu unterschätzen in ihrer emsigen Suche nach Fressbarem, überall kramen und schnüffeln sie herum. Wie ein Schlag trifft es mich nur einige Augenblicke später, als ich einsehen muss, dass alle Gegenstände sehr wohl an ihrem Platz verblieben sind – bis auf das Boot. Stattdessen liegt es einige Meter weiter unten auf dem Kiesstrand, nicht weit vom Wasser entfernt, scheinbar unversehrt und in der gleichen Lage und Ausrichtung, in der es von mir am festen Ufer deponiert worden war. Kein Wunder, dass mir diese Veränderung nicht sofort ins Auge gesprungen ist. Eine Windbö hat es hochgelupft und auf den Strand geworfen, wo es im Windschatten der Uferterrasse glücklicherweise auch geblieben ist.

Das hat es bisher noch nie gegeben, und Wind von Respekt einflößender Stärke hatte ich beileibe heute nicht zum ersten Mal! Beim Gedanken, es hätte im Augenblick nicht Ebbe, sondern Flut geherrscht, wird mir schwindlig. Dann hätte die Bö den Kajak direkt ins Wasser befördert und wie einen Korken auf die Bucht hinausgeblasen. Am Ufer stehend, hätte ich ihm mit wehmütigem Blick lediglich hinterherwinken können. Mit klopfendem Herzen und einem unguten Gefühl im Hals schleppe ich das Gefährt wieder den Strand hinauf und beginne mit der sorgfältigen Inspektion. Die paar Macken im Süllrand und den gebrochenen Mittelspant nehme ich als kleinen, aber deutlich warnenden Fingerzeig kommentarlos zur Kenntnis.

Der Fisch schmeckt einfach köstlich! Gleich zwei Fuhren stopfe ich in mich hinein, jedes Stück verschieden gewürzt, und schmecke jedem Bissen nach. Wie lange ist es bereits her, dass ich frischen Saibling hatte! Wochen sind seitdem verstrichen und schon beinahe hatte ich jegliche Hoffnung auf diese Delikatesse aufgegeben.

Die Südspitze von Arve Prinsens Ejland erweist sich – entgegen allem Anschein auf der Landkarte – als gar nicht zeltlerfreundlich. Die Ufer sind felsig und steil, ebenere Plätze sind von blockigem Moränenmaterial übersät. Verärgert über die Täuschung durch die Karte finde ich nach zahlreichen erfolglosen Landerkundungen in einer an sich idyllischen Bucht wenigstens vier halbwegs ebene und trockene Quadratmeter für mein kleines Zelt. Im Gestrüpp, das mich umgibt, zeigt sich bereits deutlich das Ende des Sommers und das Einsetzen des Herbstes. Mehr und mehr kleidet sich die Pflanzendecke in bunte Töne, um vor der grauen Jahreszeit noch einmal in einem Meer der Farben zu leuchten. An den Büschen der Polarweide mehren sich die gelben Blätter, die in goldener Pracht von der Sonne durchschienen werden, die Zwergbirken kleiden sich zunehmend in saftiges Dunkelrot und warmes Rostbraun und das Zwerggestrüpp der Rauschbeeren und Krähenbeeren bringt sich mit beinahe violettem Ton beziehungsweise grellem Grün ins Spiel der Farben ein.

Unsere heimischen Wälder vermögen es kaum besser, mit herbstlichem Bunt zu prahlen – in Grönland erfordert der Genuss lediglich genaueres Hinsehen. Die Schönheit liegt im Detail verborgen und muss teilweise im Knien und Liegen in direkter Bodennähe gesucht werden. Doch vor allen Dingen ist es die Sonne, die, während ihre Bahn tiefer und tiefer sinkt und dabei das Spektrum des Lichtes verschiebt, dem beginnenden nordischen Herbst seine eigene und unnachahmliche Note verleiht. Rot gewinnt an Feuer, Gelb an Brillanz. Auch Grün legt in seiner Intensität zu und erscheint bisweilen von regelrecht unwirklicher Art. So sehr ich mich auch bemühe, Motive zu finden und diese aus den unterschiedlichsten Blickrichtungen betrachte, will mir das Festhalten dieser herrlichen Farben mit der Kamera einfach nicht gelingen. Bei beinahe jedem Blick durch den Sucher bin ich enttäuscht darüber, dass der Glanz der Farben sich mir – scheinbar nicht ganz ohne Spott – entziehen will. Auch in den Temperaturen macht sich der fortgeschrittene Sommer schon deutlich bemerkbar. Die Mitternachtssonne ist bereits länger unter dem Horizont verschwunden, und die Nächte werden zunehmend dämmrig und empfindlich kühl. Einige wenige Stunden in der Nacht liegt die Temperatur dem Gefrierpunkt sehr nahe, so dass jedem Insekt die Lust am Fliegen genommen wird. So kann ich, ohne zu fluchen und zu verdammen, ohne Fuchtelei und hektisches Schlagen, in aller Ruhe meinen Kram ordnen und mich schließlich leicht fröstelnd und bibbernd im Zelt verkriechen. Mein Atem dampft wie im Winter, während ich in der Apsis mein Abendessen bereite. Der erste Nachtfrost lässt wohl nicht mehr sehr lange auf sich warten.

Seit gestern hält mich pfeifender Wind an diesem Ort fest, das Wasser ist aufgepeitscht und lange Schaumkronen zieren die Wellen. Mehr als zwölf Kilometer offenes Meer trennen mich vom Festland, eine Strecke, die ich unter diesen Bedingungen keinesfalls in Angriff nehmen möchte. Eine Kenterung würde wohl den sicheren Tod bedeuten. Noch drückt kein zu enger Zeitplan und strapaziert meine Geduld, noch kann ich mich dem Wetter ergeben und es nehmen, wie es kommt, doch mein Spielraum wird kleiner, und sehnsüchtig warte ich auf Windstille. Vom namenlosen Berg in 530 Metern Höhe aus erfreue ich mich seit längerer Zeit einmal wieder an dem Panorama aus blauen, weißgesprenkeltem Meer, dunkelgrauem, massigem Gebirge und gleißenden Eiskappen. Besonders zieht mich die Halbinsel Nuussuaq in ihren Bann mit ihren mächtigen Bergen, die, dem Meer so nahe, doch bis in 2000 Meter aufragen und sich mit hohen, schneeweiß vergletscherten Plateaus und zackigen, schroffen Gipfeln zieren. In Kürze werde ich selbst dort drüben sein und die Massive sich über mir erheben sehen, vielleicht sogar den einen oder anderen Gipfel besteigen. Ich spüre beim Betrachten dieser mächtigen Landzunge und der gegenüberliegenden Disko-Insel, wie sich die Vorfreude langsam in mir breit macht und Erinnerungen an vorhergehende Trekkingtouren wieder aufkommen. An einen Felsbrocken gekauert und vom Wind gestreichelt, liege ich in der wärmenden Sonne, von Mücken gänzlich unbelästigt, träume gleichzeitig von vielem und von nichts und dämmere von Zeit zu Zeit sogar ein.

Abends kündigt der Wind eine Verschnaufpause an. Im Schein der tiefstehenden Sonne packe ich hastig zusammen und steche in See. Noch traue ich dem Frieden nicht ganz – wer weiß, wann erneute Bewegung in die Luft kommt und das Meer abermals unruhig wird. Straff paddle ich durch, von Wind und Wellen nahezu unbehelligt und darauf bedacht, die weite Strecke offenen Meeres so schnell wie möglich hinter mich zu bringen. Ein plötzlich kräftig auffrischender Wind bedeutete jetzt eine echte Gefahr. Schließlich baue ich an meinem alten herrlichen Platz im Anoritôq zum zweiten Mal das Zelt auf. Da sich bislang für mich alles so gut gefügt hat, sollen auch meine Füchse heute nicht leer ausgehen. In der Nähe ihres Baues lege ich die reichlich bemessenen Abfälle meiner abendlichen Fischorgie ab und male mir zufrieden aus, wie sich in nur wenigen unbeobachteten Minuten die kleinen Mäuler über den unerwarteten Schmaus hermachen werden.

Unverhofft erfüllt sich mir sogar noch ein kleiner Traum, als ich einen Inselbewohner ausmache, nach dem ich schon lange vergeblich Ausschau gehalten hatte. Waren größere oder ungewöhnliche Tiere bisher in all der Einsamkeit eher seltene Begegnungen, so ist ihr Anblick dann doch nur ein um so größerer Grund zur Freude. Im Augenwinkel nehme ich eine schnelle Bewegung wahr, ein geradliniges Gleiten oder Huschen über den torfigen Boden. Nicht weit von mir entfernt jagt ein Gerfalke mit kraftvollem Flügelschlag und elegantem Segelflug über das Gestrüpp, steigt pfeilschnell auf, um im nächsten Augenblick wieder spielerisch und voller Leichtigkeit zur Landung anzusetzen. Erst im Gesichtsfeld des Fernglases kommen Größe und Anmut dieses weißen Falken recht zur Geltung. Stolz thront er auf einem Felsen und überblickt sein Revier mit herrischem und scharfem Blick, wird dann bereits wieder rastlos, schwingt sich behende auf und entschwindet im Tiefflug in Richtung Meer. Hoffnungsvoll warte ich, den Feldstecher parat, darauf, dass der Vogel sich mir noch einmal zeigen würde, aber vergeblich. Der schwebende weiße Fleck bleibt verschwunden. Währte diese Begegnung auch nur kurze Zeit, so bleibt sie den Rest des Abends doch in lebhafter Erinnerung und ist mir Anlass zu langanhaltender Freude. Habe ich zu guter Letzt doch noch den arktischen Falken zu Gesicht bekommen!

Weit gefehlt in meiner Hoffnung – die letzte Etappe meiner Paddelreise zögert sich dann doch noch hinaus. Auf dem Zeltdach kündet verhaltenes Prasseln von aufkommendem Regen, Wind rüttelt am Zelt, und draußen vor meiner Bucht ist das Meer von sich überschlagenden Schaumkronen völlig bedeckt. In Erwartung friedlicheren Wetters hatte ich gestern noch einen Pausentag eingeschoben und Brot und Rosinenbannock gebacken, vom übrig gebliebenen Saibling leckeren „gravad laks" gemacht und außerdem in Anbetracht der nahenden Zivilisation Wäsche gewaschen. Jetzt scheint mir dieser

Tag in meiner Zeitplanung zu fehlen und ich vorläufig an diesen Ort festgenagelt zu sein. Dabei hatte ich doch geplant, in nur wenigen Tagen in Ilulissat auf das Küstenschiff zu steigen und kleine Teile der Halbinsel Nuussuaq und der Disko-Insel zu Fuß zu erkunden. Um das Toben der See aus nächster Nähe zu beobachten, spaziere ich ans Ende einer Landzunge und gerate in einen Zustand von Unschlüssigkeit und fehlendem Entscheidungswillen, der mich regelrecht quält. Keine Frage, das aufgewühlte Meer flößt mir mehr als Respekt, vielleicht sogar Furcht ein, andererseits kann ich, wie so häufig in solchen Lagen, keinen Vergleich zwischen dieser Situation und anderen, die ich schon durchpaddelt habe, ziehen.

Möglicherweise ist ja alles gar nicht so schlimm, sondern es kommt mir nur so vor. Vielleicht soll ich es einfach doch wagen und mein Boot zu Wasser lassen? Der Zeitplan beginnt jetzt zu drängen; der Tag schreitet zügig fort. Ich fühle mich gespalten, schwankend zwischen mutig und dabei möglicherweise leichtsinnig oder vorsichtig und vielleicht auch feige zu sein. Soll ich gegebenenfalls mein Leben riskieren, nur um einen eigentlich mühelos verschiebbaren Bootstermin einzuhalten? Eine Kenterung bei diesem Seegang wäre auf alle Fälle lebensgefährlich, sich zurück ins Boot zu hieven kaum denkbar. Mehrere Male zuvor durfte ich beim Fjordbaden in Südgrönland während früherer Jahre die erstickende Umklammerung des eisigen Wassers und die beinahe unmittelbar einsetzende Lethargie spüren. Einen Start zum jetzigen Zeitpunkt halte ich für unangebracht verwegen, ich entschuldige mich laut sprechend vor mir selber für meinen geringen Mut. Einen Augenblick später nur mache ich mir Vorwürfe, denke, ich bin schließlich bis jetzt schon einiges gepaddelt und diesmal wird es auch gehen, wenn ich nur Mut und Vertrauen zu mir selber habe. Von Minute zu Minute schwanke ich, ändere meine Meinung und relativiere den für meine Verhältnisse harten Seegang mal nach oben, mal nach unten. Wäre ich im Augenblick nur nicht allein! Dann könnte ich meine Entscheidung an die eines anderen anhängen, ihm das nötige Machtwort überlassen und mich zu guter Letzt ganz einfach dreinfügen.

Stattdessen stehe ich alleine herum, blicke besorgt aufs Meer und diskutiere die Lage laut mit mir selbst aus. Für einen Moment fühle ich mich regelrecht einsam und verlassen. Freilich komme ich so nicht weiter und warte vergeblich auf eine Entscheidung. Unentschlossen stapfe ich zu meinem Lager zurück und beschließe dabei, dem Wind etwas Zeit zu geben – vielleicht lenkt er ja doch noch ein wenig ein. Mich wundert der Zusammenhang zwischen den Windrichtungen auf dem offenen Meer und hier an meinem Platz, denn sie sind genau entgegengesetzt. Vermutlich prallt der vorherrschende Nordwind an der Felswand vor meinem Lagerplatz ab, um mir dann direkt aus südlicher Richtung entgegenzublasen. Somit kann ich von meinem Platz überhaupt nicht auf die Windrichtung draußen auf dem offenen Meer schließen, zum weiteren Einschätzen der Lage dort hilft – wenn auch bloß begrenzt – nur das Fernglas weiter. Am frühen Nachmittag verschwinden wenigstens die Schaumkronen.

In aller Hast packe ich bei Nieselregen und gehe meine letzte Etappe an. Von einer angenehmen Überfahrt kann jedoch noch keine Rede sein, die Dünung ist nach wie vor äußerst stark und wandelt sich zunehmend zu unübersichtlicher Kabbelung, da der Wind mittlerweile auf Südwest gedreht hat, mir forsch ins Gesicht bläst und der alten Wellenrichtung eine neue aufgesetzt hat. Kaum kann ich mich gegen ihn durchsetzen, nur unendlich langsam glaube ich vorwärts zu kommen, stetig darauf bedacht, den beträchtlichen Seitenversatz, der mich wieder zum Ufer treiben will, zu korrigieren. Um meinen Mut hochzuhalten, denke ich, soweit es die Konzentration auf die Wellen zulässt, an eine leckere Tafel Ritter-Sport-Schokolade, die ich mir im kleinen Laden von Rodebay zu kaufen gedenke. Jetzt wäre die zartweiche und süße Sorte Nougat ganz meine Wahl! Doch mehr und mehr schwindet die Hoffnung auf diesen Trost, und bald wird es zur Gewissheit, dass ich vor Ladenschluss den kleinen Ort nicht mehr erreichen werde. Zu meiner Wut über das mir gar nicht wohlgesonnene Wetter gesellt sich nach und nach sogar ein wenig Selbstmitleid. Das aber verfliegt, als ich aus dem Windschatten der Felsen vor Rodebay herausfahre und unvermittelt feststelle, dass es bereits deutlich abflaut. Auch die Wellen legen sich mehr und mehr, ich komme besser voran. Die letzten Kilometer vor Ilulissat paddle ich auf beinahe spiegelglatter See. Trotz des Campingverbots in der Bucht Sermermiut sehe ich in diesem Platz mein einziges sinnvolles Ziel für die kommende Nacht und halte zügig darauf zu. Es ist neblig und kalt, und steter Nieselregen hält wohl dort die meisten Menschen davon ab, heute noch Spaziergänge zum Wasser zu unternehmen. Um etwa halb zehn Uhr abends ziehe ich mein Paddel ein letztes Mal auf dieser Tour durch, nach über 700 km setzt der Bug ein letztes Mal leise knirschend auf Sand und Kies auf. Ich bin dankbar und glücklich, die gesamte Strecke unbeschadet und bereichert um so viele Erlebnisse abgeschlossen zu haben.

Nach ein paar Wochen des anschließenden Wanderns auf der Halbinsel Nuussuaq und der Disko-Insel habe ich das Boot nun in Søndre Strømfjord zur Luftfracht aufgegeben; es bleiben nur noch ein paar Stunden zu warten. Einige bekannte Gesichter sehe ich wieder, die sich in der Halle des Flughafens versammelt haben und ebenfalls der Heimat entgegensteuern. Grönland leert sich für dieses Jahr. Da sitzen die beiden Schweden, mit denen ich einige schöne und unterhaltsame Tage auf der Disko-Insel verlebt habe. Thomas, der Schwabe aus Ilulissat, ist auch da, und die zwei Berliner, die ich ebenfalls im Container des dortigen Zeltplatzes kennengelernt hatte, kommen gerade hereingeschneit. Soeben haben sie ihren Fußmarsch von Sisimiut hierher beendet. Die übliche Hektik und Unruhe vor einem Abflug macht sich breit, kurze Gespräche zwischen einigen Tassen zu schnell getrunkenen Kaffees, häufiges Schielen nach der Uhr – ganz so, als ob man ausgerechnet hier mit der unbeachtet fortschreitenden Zeit sein Flugzeug verpassen könnte – neugierige und gleichzeitig unbeteiligte Blicke auf die flimmernden Bildschirme: Was kommt, was geht?

Menschen strömen in die Halle, andere drängen aufs Rollfeld, zum Hubschrauber, zur Dash-7. Auch innerlich macht sich Unruhe breit, das Warten ist irgendwie nervenaufreibend – wann geht es nur endlich los? Dann kommt plötzlich Bewegung in die Halle, bald bildet sich eine Schlange von Passagieren, jeder mit der Hoffnung auf einen Fensterplatz. Drängeln und leichtes Schubsen, Kontrolle („Alles aus den Hosentaschen, bitte!"), mit einem peinlichen Lächeln entschuldige ich mich für mein Taschenmesser. Ich ergattere einen Außenplatz ganz hinten in der Aluminiumröhre. Der immer aufs Neue berauschende Schub in das Polster setzt ein, ein paar harte Schläge folgen: wir fliegen. Und während unter uns die Monotonie des Inlandeises und später die barrikadierte Ostküste passieren, gebe ich mich, von Wein, Bier und Cognac nach langer Entwöhnung schnell angesäuselt, dem Bordmusikprogramm hin: Bachs e-Moll-Sonate für Flöte und Cembalo. Allein der erste Takt steckt so voller musikalischer Poesie, dass ich heulen könnte – dass es etwas so Wunderbares überhaupt noch gibt! Melancholisch klagt die Flöte in wiegenden Linien, tänzelt heiter und tatenfroh durch den nächsten Satz, um im darauf folgenden in getragene und aufrichtige Traurigkeit zu verfallen. Wie um diese weit von sich zu weisen, drängt und stürmt die Stimme im Schlusssatz dann von Höhepunkt zu Höhepunkt. Ein Riss geht mir durchs Herz, sonderbare Schwermut ergreift mich, ich bin hin- und hergerissen zwischen diesen beiden Gegensätzen, die heftiger kaum ausfallen können: dem für mich unfassbaren Einfallsreichtum und der sonderbar tiefen Ausdruckskraft des großen Komponisten steht die gewaltige und erhabene Natur unter uns entgegen, deren weiße Pracht nichts ebenbürtig Schönes kennt. Beide Pole berühren mich – jeder auf seine eigene Weise – tief in der Seele, und ich vermag im Augenblick nicht zu sagen, welcher von beiden mir großartiger erscheint.

Nachgedanken

Nur wer die Sehnsucht kennt,
weiß, was ich leide.
Goethe

Schon vor und insbesondere während einer Reise stellt man sich häufig (und vor allem dann, wenn schon über Tage der Sprühregen über die Zeltplane streicht) die Frage nach deren Sinn und Zweck, danach, was man denn eigentlich von ihr erwartet hatte oder ob man gar nicht doch besser daheim geblieben wäre. Doch ist man wieder zu Hause angekommen und der alte, gewohnte Trott langsam und allmählich wieder eingekehrt, ist der Blick zurück auf das Erlebte klarer und vielleicht weniger von momentanen Gefühlsregungen und äußerlichen Einflüssen getrübt. Es fällt leichter, ein Resümee zu ziehen.

Was mich rückblickend sehr befriedigte, war die Erkenntnis, dass alle meine Erwartungen, die ich an diese Reise gestellt hatte, in Erfüllung gingen. Eine leichte Sache, wenn ich mir vor Augen führe, wie wenig Konkretes ich mir von dem Grönlandaufenthalt versprochen hatte. Kein Reiseprospekt mit seinem lockenden und doch so steifen und festgelegten Programm erzeugte Vorfreuden auf geplante Eindrücke, keine Reiseroute, von Fremden vorher ausgearbeitet, sollte bereits vorgekaute Erlebnisse vermitteln. Erwartet hatte ich doch nur das Abenteuer, das keines wäre, legte es sich sein Programm nicht ganz von alleine und von heute auf morgen zurecht. Wozu groß planen, wenn dann doch alles ganz anders kommt? Das durfte ich schließlich bereits ganz zu Anfang der Reise erfahren, als ich bald einsehen musste, dass ich mich von den naiven Vorstellungen, die ich zu Hause noch ausgesponnen hatte, verabschieden musste.

Zunächst bedeutete dies natürlich große Unsicherheit, Enttäuschung und Ärger, doch erst die Bereitschaft, auf eine Umgebung, die sich letztlich doch ganz anders als erwartet präsentierte, einzugehen und sich von dem eigenen „Programm" loszusagen, war der Schlüssel zum Erfolg und zum Genuss. Der Glaube, dass sich alles schon irgendwie fügen würde, auch ohne die Dinge, die da kommen werden, vorauszuahnen, verleiht dem Reisenden doch erst die echte Freiheit zur eigenen Entscheidung und zum bewussten Erleben und Genießen des Augenblicks. Und somit macht es kaum einen Sinn, seinen Hoffnungen allzu klare Formen zu verleihen. Die alleinige Erwartung von wirklicher, großer Stille, vom Aufgehen in der Natur, von

Zeit zum Nachdenken und gleichzeitig zur Gedankenlosigkeit und davon, sich von all den belastenden Kleinigkeiten aus dem Leben von daheim in weiter Ferne zu lösen, ist schon sehr viel und braucht in keinerlei Weise konkreter zu werden.

Wieder daheim angekommen, schüttelte bei Erzählungen so manch einer den Kopf darüber, eine Kajakreise in Grönland alleine unternommen zu haben. Nicht nur wegen des – zumeist falsch eingeschätzten – Risikos, sondern auch wegen der Vorstellung, dass es einem so ganz alleine letztendlich doch langweilig werden müsste. Aber Reisen, auf sich selbst gestellt, hat durchaus seine eigenen Reize (sicherlich liegt es auch nahe, aus der Not eine Tugend zu machen, denn Reisepartner mit ähnlichem persönlichen Hintergrund und ähnlichen Vorstellungen von Reise und Abenteuer zu finden, ist nicht unbedingt eine leichte Sache. Doch in Ermangelung von guter Begleitung zu Hause zu bleiben, ist meinem Empfinden nach auch alles andere als eine gute Lösung). Die Möglichkeit, Entscheidungen von einer Sekunde auf die andere, einfach aus dem Bauch heraus, zu fällen, ist tatsächlich Gold wert. Keine Absprachen einhalten, auf keine Kompromisse eingehen, auf niemanden warten oder sich selbst anderen lästig fühlen zu müssen, zu schlafen, zu essen, zu paddeln und zu wandern, wann man gerade will, ist ein Stückchen Freiheit, das zu erleben sich überaus lohnt. Vorausgesetzt, man ist sich selber gute Gesellschaft und kommt mit der eigenen Wenigkeit, ohne Ansporn oder Beruhigung von außen, gut aus. Auch tut es gut, einmal mit den eigenen Stärken und Schwächen über längere Zeit konfrontiert zu sein, dabei zu lernen, sich selbst zu helfen – denn sonst tut es keiner –, sich alleine zu unterhalten, sich wieder aufzurichten oder auch zu zügeln.

Manchmal glaube ich, dass so mancher Zeitgenosse unserer hektischen und sich in scheinbar immer schnellerer Bewegung befindenden Welt ohne die Ablenkung durch nutzlose Information und sinnlose Unterhaltung, die jede Minute auf ihn niederprasselt und ohne den Lärm, sich hilflos und regelrecht verlassen fühlen würde, würde er plötzlich in eine Welt der Stille und der lang anhaltenden Eindrücke hineinversetzt. Reisen nur mit sich alleine hat also nicht nur großen Erfahrungswert, sondern kann auch als eine Art Übung von Bedeutung sein. Doch soll auch ein nicht unerheblicher Nachteil ehrlicherweise nicht unterschlagen werden: Mit den gesammelten Erfahrungen und den Erinnerungen ist und bleibt man hinterher leider auch allein. Mit niemandem lassen sich die großen Erlebnisse teilen, um doppelt genossen werden zu können, mit keinem Partner kann man in seliger Nostalgie schwelgen, Geschichten und Anekdoten aufwärmen und gemeinsamen

Abenteuern hinterher träumen. Die Wertsteigerung, die Erinnerungen eben gerade dann erfahren, wenn man sie mit jemandem teilen kann, entfällt bedauerlicherweise beim Reisen als Einzelgänger.

Werde ich wiederkommen? Eine Frage, die ich mir während und nach der Reise nicht selten stellte. Und die Antwort darauf fiel wegen der zeitlichen Verschiebung ganz unterschiedlich aus. Gerade während der letzten Zeit auf der Insel fasste ich mehr und mehr den Entschluss, beim nächsten Mal endlich einmal etwas anderes zu entdecken, den eigenen Horizont um die Kenntnis anderer Länder zu erweitern. Es kann doch nicht angehen, jedes Jahr, bei jeder sich bietenden Gelegenheit nach Norden zu fahren, stets dem Motto gemäß: „Je karger, desto besser!" Irgendwann müsste doch diese unerkärliche Anziehungskraft nachlassen, der eigentümliche Hunger nach Abgeschiedenheit und herber Schönheit gestillt sein. Vorerst habe ich doch genug gesehen vom hohen Norden, gesättigt bin ich hoffentlich für die kommende Zeit von kahlem Fjell, karger Tundra, Eis und Einsamkeit.

Oft spielte ich mit dem alten Wunsch, doch einmal – oder auch öfters – beispielsweise nach Schottland oder Irland zu fahren. Auch dort fänden sich ohne Zweifel nordisch anmutende und zeitweise einsame Landschaften, zusätzlich aber auch eine andere Kultur, andere Menschen und Sitten als bei meinen bisherigen, ewig gleichbleibenden Reisezielen im Norden. Vor meinem inneren Auge erstand sie, die grüne Insel am Atlantik, mit ausgedehnten Weiden und Wiesen, braunen und kahlen Bergen und schroffer Küste, an der die Wellen des Ozeans tosend anbranden. Dazu graue Häuschen und Städte, Pubs voller Leben und Musik. Oder ich malte mir ein Bild Schottlands aus, mit menschenleerem Hochland, auf dem zottige Rinder dem rauen Wetter trotzen, mit hohen, vogelbevölkerten und vom Guano weiß getünchten Klippen und mit ständigem Wechsel zwischen Regen und Sonnenschein als Quelle magischer und zwielichtiger Beleuchtung.

Doch weit gefehlt! Möglicherweise habe ich es schon immer gewusst, mir selbst gegenüber allerdings nie eingestehen wollen: Es bedurfte nicht zahlreicher Monate, sondern nur eines kleinen Zeitraumes von wenigen Wochen, um die alte Sehnsucht erneut zu wecken, die vorher geschmiedeten Pläne zunächst zu relativieren und daraufhin zwar nicht völlig zu verwerfen, aber doch auf die lange Bank zu schieben. Auch dieser Aufenthalt, der der guten grönländischen Dinge dritter war, vermochte es nicht, den ewig nagenden Hunger nach dem Norden zu stillen. Der altbekannte und unwiderstehliche Sog des nordischen Magneten setzte erneut ein, neue Pläne wurden ganz von selbst angedacht, zukünftige Unternehmungen drängten sich förmlich auf, im Geiste wurde bereits das Boot wieder zu Wasser gelassen, die Pulka für erdachte Wintertouren bepackt. Keine Frage, ich werde wiederkommen! Was bleibt mir schließlich anderes übrig?

Und was bleibt zum Schluss? Ausnahmslos unbezahlbare Dinge: Eine Menge großer und kleiner Erinnerungen, Erinnerungen an ein Gefühl der Freiheit unter weitem Himmel, an erfüllte und selbstbestimmte Wochen, fern der lästigen Probleme, der hektischen Eile und des zwanghaften Konsumrausches der uns vertrauten Welt, an ruhiges Gleiten über stilles und kaltes Wasser, an die Sonne in der Nacht über bronzenem Meer, an zufällige Begegnungen mit lachenden, hilfsbereiten Menschen, an viele glückliche Stunden am Lagerfeuer, beim Fischen, beim Nichtstun. Wenn ich die Augen schließe, vermag ich wieder das beruhigende Plätschern des Paddels und das verhaltene Glucksen, zornige Krachen und dumpfe Dröhnen des Eises vernehmen. Aus Erfahrung weiß ich mittlerweile, dass es oftmals nur einer winzigen Kleinigkeit, eines Fotos, eines bestimmten Geruchs oder einer einfachen Melodie, die ich während der Stunden des eintönigen Paddelns vor mich hin geträllert hatte, bedarf, damit das Erlebte in meiner Vorstellung wieder erwacht und zu farbenreichen Bildern wird. Schlechte Erinnerungen gibt es glücklicherweise nicht. Sogar die überaus verhassten Mücken sind lächelnd in die Vergessenheit abgedrängt und vermögen nicht, die Rückblende in irgendeiner Form zu trüben.

Mit großer Zufriedenheit erfüllt mich auch die Gewissheit, dass jede Entscheidung, die ich während all der Wochen gefällt hatte, im Nachhinein richtig war. Und dies hat geholfen, den Augenblick stärker zu genießen, anstatt sich an möglicherweise Versäumtem oder besser zu machendem aufzureiben. Alles war gut, so wie es war, ich hätte nichts anders machen wollen.

Doch genau das, was eigentlich mit der Reise hätte besänftigt werden sollen, verbleibt am hartnäckigsten: Die alte Sehnsucht.

Informationen für Paddler

1. Anreise und Transport

Die Mitnahme des eigenen Bootes nach Grönland stellt sich schnell als nicht ganz einfaches, vor allem aber als teures Vergnügen heraus. Da die Möglichkeit, das Boot mit spezifischer Ausrüstung als gewöhnliches Fluggepäck zu deklarieren und als Übergepäck zu bezahlen, aus finanziellen Gründen eigentlich ausfällt, gibt es grundsätzlich zwei Varianten des Transports. Am einfachsten ist der Versand per Luftfracht. Von jedem deutschen Flughafen aus kann man dieses zusätzliche Reisegepäck bei SAS aufgeben und nach Søndre Strømfjord verschicken lassen. Dies geht schnell und zuverlässig. Im allgemeinen reicht es aus, das Boot wenige Tage vor der eigenen Abreise loszuschicken – allerdings hat das auch seinen Preis. Man bezahlt pro Teilstrecke, also z.B. Frankfurt - Kopenhagen und Kopenhagen - Søndre Strømfjord, eine Grundgebühr und einen Betrag pro Kilogramm Gepäck. Dabei sind neben dem tatsächlichen Gewicht des Gepäcks auch dessen Abmessungen ausschlaggebend. Für die Errechnung des Endpreises wird folgende Formel angewendet: Man multipliziert Länge, Breite und Tiefe des Gepäckstücks in cm und teilt den erhaltenen Wert durch 6000. Liegt dieser dann über dem tatsächlichen Gewicht, so zahlt man den Kilopreis multipliziert mit diesem Wert. Ist das Gewicht höher, wird für die tatsächlich anfallenden Kilo bezahlt. So umgeht es die Fluggesellschaft, dass man schwere Ware wie etwa Stahl zu Volumenpreis und platzraubende Ware wie beispielsweise Dämmstoffe zu einem einheitlichen Kilopreis verschicken kann. Man sollte immer versuchen, mit SAS einen durchgehenden Preis auszuhandeln, z.B.: Frankfurt - Søndre Strømfjord; damit lässt sich die zweimalige Zahlung der Grundgebühr vermeiden. Allerdings sollte mit dieser etwas günstigeren Möglichkeit nicht in Grönland, also beim Heimschicken des Übergepäcks, gerechnet werden. Dort ist man nämlich weitaus bürokratischer und unflexibler. 1998 bezahlte ich für rechnerische 38 kg von Nürnberg via Frankfurt nach Søndre Strømfjord und für nur 25 kg zurück (eine Tasche lief als normales Reisegepäck über einen Mitreisenden) insgesamt etwa 600 DM. Aufgrund des günstigeren Durchgangstarifes von Deutschland nach Grönland war der Hintransport sogar billiger als der Rücktransport.

Billiger ist die Variante, sein Bootsgepäck mit dem Schiff zu verschicken. Dies setzt allerdings eine üppige Zeitplanung und den Umstand voraus, dass man in der Zeit, in der sich das Boot auf See befindet, keine anderweitige Verwendung dafür hat. Mit dem Hintransport ist im Mai oder Juni, mit dem Rücktransport im späten September zu rechnen. Der Seetransport erfolgt durch die Royal Arctic Line (siehe „Adressen") von/nach Aalborg zu praktisch allen Küstenorten Grönlands. Von bzw. nach Aalborg übernimmt die „Bahntrans"-Spedition den Transport, auf den auch die weitaus größten Kosten entfallen. Der Vorteil des Seetransports ist auf der einen Seite der günstige Preis und auf der anderen Seite der Umstand, dass das Boot so direkt in eine Ortschaft an die Küste gebracht werden kann. Besonders reizvoll ist es sicherlich für Gruppen, die mit mehreren Booten anreisen wollen, da die Preise in groben Gewichtsschritten gestaffelt sind. So war es 1998 völlig unerheblich, ob 30 oder 100 kg versandt wurden, da diese Menge ohnehin in die unterste Gewichtskategorie gefallen wäre. 1998 hätte der Transport von bis zu 100 kg von Ilulissat nach Nürnberg ca. 1.100 dänische Kronen (275 DM) gekostet, wovon allein etwa 900 Kronen auf die Spedition gefallen wären.

In Søndre Strømfjord liegt das Gepäck in der blauen Luftfrachthalle von Grønlandsfly zur Abholung bereit. Für die Abholung beim heimischen Zoll kann – je nachdem, wie korrekt der entsprechende Beamte ist – das Mitbringen einer Kaufquittung des Bootes sinnvoll sein, mit der sich belegen lässt, dass es sich um privates und vorher in Deutschland gekauftes Reisegepäck und nicht um zollpflichtige Einfuhrware handelt (und dass wohl niemand nach Grönland reist, um von dort ein vielleicht deutsches Bootsfabrikat zu reimportieren, muss oder will ja nicht unbedingt jeder Zollbeamte glauben).

Die Weiterreise von Søndre Strømfjord an die Westküste erfolgt in der Regel mit Grønlandsfly oder mit dem Küstenschiff. Der Weiterflug mit dem entsprechenden Gepäck schlägt abermals erheblich zu Buche, weswegen die Schiffspassage vorzuziehen ist. Auch dort müsste korrekterweise Übergepäck gesondert verschickt und bezahlt werden, doch nimmt man es mit dieser Bestimmung nicht so genau. Erwähnt man dem Schiffspersonal gegenüber, dass sich in den Taschen ein Kajak befindet, mit dem man an der Küste zu paddeln gedenkt, darf man eher mit Respekt oder aufrichtigem Interesse rechnen. Da das Küstenschiff nur zwischen etwa dritter Juniwoche und erster Septemberwoche im Zwei-Wochen-Takt von Søndre Strømfjord nordwärts fährt, ist eine entsprechende Zeitplanung und gegebenenfalls Vorausbuchung allerdings zwingend erforderlich.

2. Sicherheit und Ausrüstung

Über die Sicherheit auf Reisen mit abenteuerlichem Charakter wird viel geschrieben und noch mehr geredet, insbesondere von Außenstehenden, die nur über begrenzte eigene Erfahrung verfügen. Freilich lauert die Gefahr überall, und eine in unserem Alltagsleben unbedenkliche Verletzung kann dort, wo keine Hilfe zu erwarten ist, überaus unangenehme, wenn nicht gar katastrophale Folgen für den/die Beteiligten besitzen. Das Gegenargument, dass das eigene oder – schlimmer noch – das Leben anderer im hiesigen Wahnsinn des Verkehrs schneller verwirkt sein kann, findet merkwürdigerweise nur selten Akzeptanz. Die Gefahren unseres Alltags sind uns so selbstverständlich geworden, dass wir sie oft gar nicht mehr wahrnehmen oder mit der Bemerkung abtun: „Mich wird es schon nicht erwischen."

Beim Gedanken an Gefahren, die sich aus den Erfahrungen unseres täglichen Lebens heraus nicht konkret einschätzen lassen, legt sich die Stirn besorgter Mitmenschen gleich in Falten. Und dies natürlich nicht zu Unrecht, schließlich findet man sich schnell unverhofft in heiklen Situationen. Wer eine Paddelreise in Grönland plant, muss das Risiko, das allein durch eine Reise in ein nur dünn besiedeltes Land aufkommt, und die spezifischen Gefahren der Fortbewegung auf dem eiskalten Wasser berücksichtigen. Welche Sicherheitsvorkehrungen man treffen will, bleibt letztendlich einem selbst überlassen; „allgemeingültige" Regeln gibt es meines Erachtens nicht.

Ich bin der Auffassung, dass die eigene Sicherheit generell weniger eine Sache der Ausrüstung als des eigenen Verhaltens ist. Die ständig steigende Qualität der Ausrüstung ist zwar zu begrüßen, allerdings hat es manchmal den Anschein, dass wir uns mehr auf sie als auf unsere eigene Erfahrung verlassen. Falsche Selbsteinschätzung und Leichtsinn lassen sich von der besten Ausstaffierung nicht kompensieren. Jedem Paddler kann man daher nur raten, Respekt vor den Kräften der Natur zu zeigen und vor allem von Eisbergen und Gletscherfronten einen entsprechenden Abstand zu halten. Kentert nämlich ein nur mittelgroßer Eisberg oder kalbt eine größere Gletscherfront, dann baut sich eine sehr hohe und steile Welle auf, die sich mit erstaunlich hoher Geschwindigkeit fortbewegt. Dabei geht sie auf dem offenen Wasser schnell in eine sanftere und weitergespannte Dünung über, die im allgemeinen wenig Gefahr in sich birgt.

Wer sich in einem solchen Falle in großer Nähe zum brechenden Eis befindet, wird unweigerlich von der Welle überrollt und eventuell von zahllosen Eisstücken bombardiert werden. Befinden sich größere Eismassen in relativer Ufernähe (z.B. Gletscherfronten), sollte man stets darauf bedacht sein, ausreichende Entfernung zum Land und genug Wasser unter dem Kiel zu haben. Bei einer Kalbung läuft die Welle oder Dünung im flachen Wasser auf und bricht; der Bootsfahrer kann dann in den auflaufenden Wogen in arge Bedrängnis kommen. Auch eine nur knapp bemessene Zeit für eine angestrebte Paddelstrecke birgt Gefahren. Nur wer ausreichend Zeit mitbringt, hat die Möglichkeit, schlechtes Wetter und Seegang am sicheren Land abzuwarten. Begibt man sich aber nur aufgrund eines knappen Zeitplanes entgegen aller Vernunft bei rauen Verhältnissen aufs Wasser, so ist dies eine Gefährdung der eigenen Sicherheit.

Erwähnt werden sollte auch der sogenannte „Kajakschwindel", der den Paddler bei tiefstehender Sonne und spiegelglatter, glitzernder See überkommen kann. Vollkommen gefangen in dieser Art Trancezustand kann der Fahrer dann stundenlang regungslos in seinem Kajak verharren, bis ein Windstoß oder ein anderes kleines Ereignis ihn aus diesem Zustand reißt, er kentert und möglicherweise ertrinkt.

Bislang gibt es seitens der grönländischen Verwaltung keine Vorschriften bezüglich der zu treffenden Sicherheitsvorkehrungen auf Paddeltouren, was dem Kanuten erfreulicherweise große Freiheit einräumt, möglicherweise aber auch zum Leichtsinn verführen kann. Zum Schutz vor Unterkühlung in dem nur wenige Grad warmen Wasser werden häufig Überlebensanzüge empfohlen, die den Körper auch bei eisigen Temperaturen stundenlang vor dem Unterkühlungstod bewahren. Im Falle einer Kenterung ist dies natürlich von ganz entscheidender Bedeutung, allerdings haben solche Anzüge auch ihre Schattenseiten: Da sie vollkommen dicht sind, schwitzt man in ihnen im eigenen Saft. Und die Wärme der (Mitternachts-) Sonne sollte man auf keinen Fall unterschätzen! Mir war es selbst während der Fahrt zu nächtlicher Stunde häufig nur in Hemd und Schwimmweste viel zu warm, so dass das umgebende Meerwasser nicht selten zur kühlenden Versuchung wurde.

Zudem sind besagte Anzüge recht sperrig, d.h. sie engen die Bewegungsfreiheit ein, nehmen im Gepäck viel Platz weg und kosten nicht zuletzt viel Geld. Neoprennassanzüge haben dieselben störenden Eigenschaften, schützen allerdings nicht, wie Trockenanzüge, auf lange Dauer vor Unterkühlung.

Wer ganz auf Schutzanzüge verzichten möchte, sollte wenigstens eine Schwimmweste und für die Anlande- bzw. Ablegemanöver Neoprensocken und Turnschuhe oder spezielle Neoprenschuhe für Paddler tragen. Ansonsten scheinen einem beim längeren Stehen und Hantieren im Wasser vor Kälte die Füße abzufallen.

Gelegentlich wird auf Reisen in entlegene Gebiete die Mitnahme eines Satellitennotsenders angeraten oder mancherorts von den Behörden sogar vorgeschrieben. Ihre Benutzung ist allerdings ausschließlich an akute Lebensgefahr gebunden, ein Missbrauch strafbar – und wenn tatsächlich letztendlich unnötige Hilfe entsandt wurde, kostspielig. Und da zeigt sich die Problematik dieser Sender, denn wie weiß der Notleidende, wann tatsächlich Lebensgefahr herrscht? Der Schmerz im Bauch kann natürlich eine bedrohliche Blinddarmentzündung sein, aber wieso nicht nur ein gewöhnlicher Magenkrampf? Stellt ein gebrochenes Bein wirklich akute Lebensgefahr dar oder gibt es nicht doch noch andere Möglichkeiten der Rettung? Ganz abgesehen von der Versuchung oder auch der Hemmnis, in einer eventuellen Notsituation einen derartigen Sender zu betätigen, birgt seine Mitnahme auch ein wenig die Gefahr, dass man sich unbewusst auf die Hilfe anderer verlässt – man kann ja schließlich auf sich aufmerksam machen. Doch in erster Linie sollte man in der Lage sein, sich selbst helfen zu können, ohne fremden Beistand. Wer dies bedenkt, richtet das eigene Handeln danach aus und verhält sich vielleicht vorsichtiger. Während meiner dreimonatigen Reise (von der ich wiederum acht Wochen mit dem Boot unterwegs war) führte ich keinen Satellitennotsender mit mir mit und trug auch keinen speziellen Schutzanzug, sondern außer der normalen Kleidung lediglich eine Schwimmweste, Neoprensocken und Turnschuhe. Für besonders unangenehme und nasskalte Tage hielt ich ferner noch Gummihandschuhe bereit.

Als Schutz gegen den Mückenbefall während der bisweilen langwierigen Be- und Entlademanöver diente eine Regenhose, die ich über der kurzen Hose trug. Dafür zollte ich den Eisgiganten gegenüber Respekt und hatte reichlich Zeit, um zur Fahrt größtenteils ruhiges Wetter zu nutzen. Das mag gut und gerne als leichtsinnig eingestuft werden und soll unter keinen Umständen kategorisch als Ratschlag aufgefasst werden. Jeder, der sich mit seinem Boot auf arktisches Wasser begibt, muss letztendlich die Maßnahmen zur persönlichen Sicherheit selbst bestimmen.

Um nicht ein weiteres Mal zu wiederholen, was vielerorts bereits geschrieben wurde, möchte ich nur wenige Empfehlungen zur allgemeinen Ausrüstung geben. Angefangen mit dem Faltboot – das in Anbetracht der hohen Transportkosten wohl die einzig diskutable Lösung ist: Hier kann der Paddler unter mehreren Typen wählen, die sich in Qualität und Ausstattung, vor allem aber im Preis beträchtlich unterscheiden. Unabhängig von persönlichen Vorlieben und dem eigenen Budget kann gesagt werden, dass das Beste nicht ausschließlich gerade gut genug ist.

Aus finanziellen Gründen hatte ich mich für das Boot aus Pouch entschieden und musste die Wahl durchaus nicht bereuen. Meine verspätete Bestellung zwang mich allerdings dazu, auf eine Sonderausrüstung wie beispielsweise Kielstreifen zu verzichten. Wie andere Fabrikate sicherlich auch, erfüllte es anstandslos seinen Zweck und gab mir auch in rauerer See ständig ein Gefühl der Sicherheit. Von seiner oberbayerischen oder kanadischen Konkurrenz unterscheidet es sich nachteilig am stärksten im Komfort beim Aufbau und in seinem Packmaß. Da hier auf seitliche Luftschläuche verzichtet wird, muss die gesamte Spannung der Haut mit dem Aufbau des Gerüsts erreicht werden, was vor allen Dingen beim Erstaufbau erheblichen Kraftaufwand und Geduld erfordert (Tipp: Schmiert man alle Steckverbindungen, insbesondere die Sentenhalterungen aus Kunststoff, mit Vaseline ein, schlupfen die Teile flott ineinander, die eigenen Nerven werden gewaltig geschont). Die etwas ungünstige Länge des Gestängesacks von 170 cm führte bei der Berechnung der Luftfrachtgebühr zu einem spürbaren Preisunterschied. Verschiedene Details verdienen Verbesserung, die man größtenteils aber auch selbst vornehmen kann. So wäre bei der Rückenlehne ein Riegelmechanismus äußerst angebracht, der es erlaubt, mit wenigen Handgriffen die Lehne herauszunehmen, was die Beladung des Heckstauraumes erheblich erleichtert. Dies ist nämlich sonst nur möglich, indem der Süllrand teilweise geöffnet und später wieder zusammengefügt wird – im kalten Wasser stehend eine gar unerquickliche Angelegenheit.

Vor großer Fahrt empfiehlt es sich, die Nähte zwischen Oberdeck und Haut abzudichten, um bei bewegter See etwas weniger Wasser zu machen. Die Gummifüßchen zum Halten der Senten sowie die metallischen Steckverbindungen derselben bilden auf der Haut gerne stärker exponierte Druckpunkte und sollten daher schützend mit Reparaturflicken oder dergleichen unterlegt werden. Auch sollte man die Steuerseile im Bootsinneren mit Dreilochspannern versehen, um eine schnelle Korrektur des Ruders vornehmen zu können und ferner die Verplombung der Steuerseile am Ruderkopf auf ihre Festigkeit hin überprüfen (bei mir hatte sich die Verplombung wiederholt mitten auf dem Wasser gelöst, und ohne arbeitendes Steuer war ich nahezu hilflos, vor allem bei Wind oder Strömung). Bei der mittlerweile von Pouch deutlich verbesserten Fußsteueranlage mit Pedalen ist es bisher allerdings noch nicht erreicht worden, dass bei jeder beliebigen Stellung des Steuerblocks der Mast in die Halterung eingesetzt werden kann. Auch muss erwähnt werden, dass die Aussparungen für die Sentenhalterungen an den Spanten deutliche Schwachstellen sind, besonders an dem in sich nicht geschlossenen Mittelspant (dieser brach mir, als mein Boot unbeobachtet durch einen starken Wind vom erhöhten Ufer mehrere Meter weit auf den Strand geworfen wurde. Interessanterweise wurde dadurch aber die Gesamtstabilität des Faltbootes kaum beeinträchtigt).

Diese Punkte sind allerdings Kosmetik – wenn auch ernstzunehmende –, wiegen aber, zumindest was meine Ansprüche betrifft, den Kostenvorteil in Höhe einer Flugreise nach Grönland und zurück gegenüber dem Faltboot aus dem Voralpenland auf. Generell sind Verstärkungen der Haut nicht unbedingt notwendig, mit Sicherheit aber sinnvoll. Gerade Paddler, die allein unterwegs sind und ohne fremde Hilfe ihren Kajak zu Wasser lassen bzw. ihn aus diesem heraus schaffen müssen, sind mit Kielstreifen gut beraten. So lässt sich nämlich auch das – zumindest teilweise – beladene Boot über einen Strand schleifen, ohne nennenswerten Schaden zu nehmen, und muss nicht vorsichtig und dabei bereits frei schwimmend beladen werden (meine nächste Fahrt werde ich mit Kielstreifen vornehmen – so viel Luxus muss sein). Zusätzliche Halterungspunkte für Gepäck und ein Reservepaddel auf dem Deck halte ich für wichtig, gegebenenfalls müssen sie nachträglich angenäht werden. Ins Boot gehören mehrere Schwämme sowie ein geeignetes Gefäß zum Lenzen, ferner müssen Karte und Kompass griffbereit sein.

Unverzichtbar ist natürlich eine Spritzdecke. Am einfachsten ist es, das vom Hersteller des Bootes gefertigte Modell zu kaufen, jedoch kann man sich auch einen solchen Schutz nach eigenen Vorstellungen basteln. Ich entschied mich für letzteres und nähte aus einer alten Bundeswehr-Zeltplane (imprägnierte Baumwolle) eine einfache, aber zweckmäßige Spritzdecke. Sie besteht aus einem Stück und wird lediglich über eine durch den Saum geführte kräftige Gummischnur am Süllrand fixiert. Die bis zur Brust reichende, festangenähte Schürze verlängert sich bugwärts asymmetrisch nach unten und erleichtert in Kombination mit einem Reißverschluss an ihrer Vorderseite das Einsteigen ganz erheblich. Schulterträger halten die Schürze in Position. Der Vorteil meiner Konstruktion lag in der Atmungsaktivität des – selbstverständlich mit Wachs nochmals imprägnierten – Materials, was die feuchte oder klamme Atmosphäre im Boot verringerte. Allerdings muß die Spritzdecke bereits vor dem Einsteigen auf dem Süllrand angebracht werden, wodurch das Einsteigen etwas komplizierter wird.

Wer sein Boot besegeln möchte, sollte grundsätzlich ein nur kleines Treibsegel wählen, das bei Rückenwind gesetzt werden kann. Die käuflichen kompletten Riggs, die ein Faltboot zur voll einsatzfähigen Jolle machen sollen, sind schlichtweg überdimensioniert und mit den normal erhältlichen Schwertern kaum einsetzbar. Ich hatte mir ein einfaches Rahsegel von etwa einem Quadratmeter Fläche selbst angefertigt, das an einer Paddelhälfte und einer selbstgebastelten Mastverlängerung gehisst wurde. Das ein oder andere nur unzulänglich gelöste Detail (und dort sitzt bekanntlich der Teufel!) machten das Segel jedoch schlecht handhabbar. Außerdem verliert das Boot beim Segeln, wenn die stützende Wirkung des Paddels fehlt, spürbar an Stabilität und beginnt schneller zu schlingern, vor allem dann, wenn der Wind so kräftig weht, dass beim Segeln fast die übliche Paddelgeschwindigkeit erreicht wird. In meinem konkreten Falle war das Segel also eher Spielerei und Ballast.

Die Wahl des geeigneten Paddels wird in Anbetracht des überaus reichen Angebots zwischen einfacher und sehr fortschrittlicher Ware nicht gerade vereinfacht. Ich halte ein schlichtes Wanderpaddel, dessen Länge und Blattflächen auf den jeweiligen Fahrer abgestimmt sind, für absolut ausreichend und am zweckmäßigsten. Ist das Blatt lediglich auf den Stiel aufgeklebt, empfiehlt es sich, diese Verbindung von vornherein durch ein bis zwei nichtrostende Schrauben zu verstärken. Durch häufige Anwendung der sogenannten Paddelstütze beim Ein- und Aussteigen besteht ansonsten die Gefahr, dass sich das Blatt langsam aber sicher vom Stiel löst, ein Schaden, der sich fern von jeglicher Zivilisation mitunter nur schwer beheben lässt. Ebenso sollte darauf geachtet werden, dass die Lackierung keine Schwachstellen aufweist, die während einer langen Fahrt dazu führen können, dass das Sperrholz aufweicht, die Verleimung sich gegebenenfalls löst und das Holz schließlich zu rotten beginnt. Am sinnvollsten erscheint es mir, das Blatt mit Schleifpapier vom Lack zu befreien und stattdessen mit mehreren Schichten Epoxidharz zu überziehen, was eine sehr dauerhafte Oberfläche ergibt.

Auf langen Wanderfahrten ziehe ich das ungedrehte Paddel dem gedrehten deutlich vor. Dies erscheint zwar manchem Freizeitkapitän nicht zweckgemäß, mir hingegen leuchtet der Vorteil des gedrehten Paddels kaum ein. Es besitzt zwar den positiven Aspekt, dem Gegenwind keine Angriffsfläche zu bieten, wird aber zum einen spürbar von Seitenwind erfasst und hat bei Rückenwind keinerlei Segelwirkung. Zudem lässt das ständige Wenden das entsprechende Handgelenk schnell ermüden, was schlimmstenfalls zu einer mit Schmerzen verbundenen Sehnenscheidenentzündung führen kann. Abgesehen davon ist das gedrehte Paddel den eigentlichen „Erfindern", den Inuit, überhaupt nicht bekannt. Eine ausführlichere Behandlung dieser Thematik kann man auch bei Arved Fuchs („Im Faltboot um Kap Horn") nachlesen, der ich mich hier anschließen will. Um allen Anforderungen gerecht zu werden, ist ein verstellbares und, abgesehen von starkem Gegenwind, ungedreht gefahrenes Paddel wohl am zweckmäßigsten. Ein Reservepaddel kann durchaus vor unangenehmen Situationen bewahren. Schnell kann der Wind in einem Moment der Unachtsamkeit dem Fahrer das Paddel entreißen oder das Blatt während eines rauen Anlande- oder Ablegeversuchs zu Bruch gehen, was ihn unversehens antriebs- und steuerlos macht.

Es versteht sich eigentlich von selbst, dass empfindliche Ausrüstung wie Kleidung, Schlafsack und Lebensmittel in wasserdichten Packsäcken untergebracht wird. Ebenso sollte man stets ausreichend mit Trinkwasser gefüllte Gefäße mit sich führen, denn einerseits kann man durch umschlagendes Wetter schnell dazu gezwungen werden, auf einer winzigen Insel ohne Frischwasser bleiben zu müssen, andererseits kann der Weg vom Lager zur nächsten Wasserstelle mitunter ein paar hundert Meter betragen – und wer möchte schon für jede Portion Tee extra laufen?

Kleidung muss für Grönland so gewählt werden, dass sie sowohl frischer Kälte als auch kräftigem Sonnenschein gerecht wird. Für kalte Tage, als Wechselwäsche, wenn die andere nass geworden ist, oder als Schlafanzug kann ich dünne, wollene Unterwäsche wärmstens empfehlen. Sie wiegt so gut wie nichts, hält auch in feuchtem Zustand angenehm warm und lässt sich – ohne dabei einzuengen – unter jeder Tageskleidung tragen. Leichte Handschuhe, eine Mütze, die über die Ohren reicht, regen- und winddichte Jacke und Hose gehören ebenso ins Gepäck. Eine weit geschnittene Hose mit abnehmbaren Beinen wird am ehesten dem wechselnen Klima gerecht und ist meiner Ansicht nach auch ein halbwegs wirkungsvoller Schutz gegen die Mückenplage des Sommers, da sie nur wenig am Körper anliegt.

Um die zeitweise penetranten Mücken überhaupt ertragen zu können, darf ein im Gepäck griffbereiter Mückenschleier unter gar keinen Umständen fehlen (Ersatzschleier nicht vergessen!). Es ist sicherlich nicht übertrieben zu behaupten, dass man, schutzlos dem Mückenbefall ausgesetzt, ohne zu zögern sein Boot gegen ein Moskitonetz eintauschen würde, um wenigstens das Gesicht – und das ist am wichtigsten – vor der Plage zu bewahren. Ein Abwehrmittel muss schon mit einigen chemischen Raffinessen aufwarten (was wohl kaum der Gesundheit zuträglich ist), um die Biester vom Stechen abzuhalten. Aber nicht die Stiche, sondern allein die Anwesenheit dieser himmlischen Heerscharen, ihr Gesumme und Gebrumme, Kribbeln, Krabbeln und Tanzen sind das Entsetzliche.

Neben Paddelschuhen, die auch als Lagerschuhe fungieren, sollten natürlich auch robuste Berg- oder Trekkingstiefel eingepackt werden, will man die erpaddelte Umgebung auch zu Fuß erkunden. Zum Schutz der Augen vor von Wasserfläche und Eis reflektiertem, gleißendem Sonnenlicht ist eine wirksame Sonnen- bzw. Gletscherbrille unabdingbar.

Da die Temperaturen in Küstennähe im Sommer auch nachts kaum unter den Gefrierpunkt fallen, ist ein möglichst leichter und kompakter Schlafsack vollkommen ausreichend. Daune oder Kunstfaser – diese beinahe wie eine Glaubensfrage behandelte Problematik soll jeder für sich selbst lösen. Ich selbst bin im Laufe der Jahre nach mehreren Enttäuschungen durch das Kunstprodukt und immer besseren Erfahrungen mit der Daunenfüllung vom ehemaligen Kunstfaserfetischisten zum Daunenanhänger mutiert. Zwar sind diese Federchen äußerst feuchtigkeitsempfindlich, doch besitzen sie zweifelsfrei die höhere Lebensdauer und das geringere Gewicht und Packmaß im Verhältnis zur Isolierwirkung. Im Inland von Westgrönland muss bereits ab Mitte August mit Nachtfrösten gerechnet werden, doch erwartet man diese eher mit Sehnsucht als mit Unbehagen, schließlich raffen sie die Schwärme der Moskitos zügig dahin, was als wunderbare Erlösung aufgefasst wird. Strenger Frost bleibt aber bis in den fortgeschrittenen Herbst noch aus.

3. Strömungen

Der an der Westküste Grönlands bis zu 4,5 Meter betragende Tidenhub ist vor allem an den Mündungen großer Fjorde oder enger Meeresbuchten für äußerst starke Gezeitenströmungen verantwortlich, die der Paddler auf keinen Fall unterschätzen darf. Vor allem der Søndre und der Nordre Strømfjord sind Meeresarme, die ihren Namen alle Ehre machen. Beinahe zweihundert Kilometer ins Hinterland hineinreichend und an der Mündung nur knapp zwei

Kilometer breit, stellen sie gewaltige Düsen für die Wassermassen dar, die vom Tidenhub bewegt werden. Mehrere Meter Wassersäule auf Hunderten von Quadratkilometern müssen durch das Nadelöhr der engen Fjordmündung gepresst werden, um den Tidenhub auszugleichen, und pfeifen dabei mit mehreren Knoten Geschwindigkeit durch diese Enge, dass einem Konstrukteur von Gezeitenkraftwerken wohl das Herz höher schlagen dürfte.

Dies hat zur Folge, dass man im Großen und Ganzen in die großen und engen Fjorde nur bei Ebbe raus- und bei Flut einfahren kann, zumindest während Zeiten maximalen Tidenhubs. Versucht man es umgekehrt, wird man schnell an die Grenzen der eigenen Kräfte gelangen und einsehen, dass es wenig Sinn macht, gegen die mächtige Wasserbewegung anzukämpfen. Aber auch bei Querungen von Fjordmündungen ist erhöhte Vorsicht geboten, will man nicht in die Meeresarme, oder – schlimmer noch – auf die offene See hinausgetrieben werden. Dazu wählt man am günstigsten den Gezeitenwechsel, also den Übergang zwischen Ebbe und Flut. Für die Fahrt von Sisimiut nordwärts, während der es den Nordre Isortoq und den wesentlich größeren Nordre Strømfjord zu kreuzen gilt, ist es empfehlenswert, sich in Sisimiut an der Tankstelle am Hafen eine Gezeitentabelle zu besorgen (kostenlos). Diese führt für jeden Tag die genauen Uhrzeiten und Differenzen zwischen Hoch- und Niedrigwasser für den Hafen von Sisimiut auf und lässt sich – allerdings mit entsprechenden Zeitverschiebungen, die dennoch tolerierbar sind – auch während der Weiterfahrt entlang der Westküste gut als Anhaltspunkt gebrauchen. Ich selber bin bei der Querung des Nordre Strømfjords sogar zum ungefähren Zeitpunkt des Gezeitenwechsels aufgrund eigener Unachtsamkeit mehrere Kilometer auf das offene Meer hinausgetrieben worden und hatte hart zu kämpfen, bis das andere Ufer endlich erreicht war.

Generell muss in allen Buchten oder Meeresarmen mit Gezeitenwirkung gerechnet werden. Meistens wird man nur schwach abgetrieben werden. Trifft man aber auf der Fahrt auf größere Küstenschiffe, sollte man seinen Kurs merkbar korrigieren, um den größeren „Verkehrsteilnehmer" aufgrund der eigenen Abdrift nicht zum Ausweichen zu zwingen. Denn dies ist die Pflicht des kleineren Wasserfahrzeuges.

Für besonders sportliche Paddler befindet sich im Pâkitsoq nördlich Ilulissat eine stromschnellenartige Gezeitenströmung, die sich durch eine nur etwa 100 Meter schmale Meerenge zwängt. Ein französischer Segler hatte mir glaubhaft versichert, dass es ihm nicht möglich war, mit der etwa zehn Knoten bringenden Maschine seiner Jacht gegen die Strömung anzukämpfen.

4. Wind und Wetter

Bekanntermaßen kommt der Wind beim Paddeln immer von vorn – so auch in Grönland. Während des Sommers wird der Kajakfahrer häufig feststellen müssen, dass Sonne und ein nur laues Lüftchen sich selten zusammentun. Im Gegenteil werden Tage mit strahlendem Sonnenschein von mitunter sehr frischem Wind aus vorwiegend nördlicher Richtung begleitet, der dann auch für ordentlichen Wellengang sorgt. Dabei fällt auf, dass der Wind erst gegen Mittag auffrischt, am späten Nachmittag seine größte Stärke erreicht und gegen Abend hin wieder abflaut. Daher empfiehlt es sich gegebenenfalls die Fahrt zu später Abendstunde zu beginnen und während der Nacht zu paddeln, sofern die Route nordwärts führen soll (allerdings fällt dann der Schlaf natürlich auf den Tag, und bei kräftigem Sonnenschein kann man auch in Grönland im Zelt ordentlich gebraten werden). Verfolgt man hingegen einen südlichen Kurs, so wird man häufiger mit Rückenwind rechnen können, was die Mitnahme eines leicht zu bedienenden Treibsegels bedenkenswert machen könnte. Schwacher oder kein Wind gehen mit bedeckter Wetterlage und mitunter leichtem Regen einher. Bei starkem Wind aus südwestlicher Richtung ist mit lang anhaltendem Regen zu rechnen; dann ist es ratsam, nach einem Lagerplatz Ausschau zu halten.

Stürmischer Wind bis Sturm kann bei Föhnwetterlage entstehen, wenn ein warmer Wind aus Westen über dem Inlandeis abkühlt, die Luftmassen herabsinken und sich auf dem Eis wieder nach Westen bewegen. Hier ist mit den stärksten Sommerwinden überhaupt zu rechnen, vor denen auch von behördlicher Seite aus immer wieder gewarnt wird. In der Regel kündigt sich Föhn in Form von diskusförmigen Wolken an, zu einem Sturm muss es allerdings durchaus nicht immer kommen.

Zusätzlich zu den regional vorherrschenden Winden ist man als Paddler vielerorts auch mit vertrackten lokalen Luftströmungen konfrontiert. Diese folgen dem Verlauf von Fjorden oder tiefen und langen Buchten und können in deutlichem Winkel zur Hauptwindrichtung wehen. Bauen sie dann auf der vorherrschenden Dünung eine eigene Wellenrichtung auf, kann es zu unangenehmer Kabbelung kommen, die bald verschwindet, sobald man den örtlichen Windkanal gequert hat.

Eine vielleicht unerwartete Erfahrung konnte ich ebenfalls in den Fjorden, vor allem an deren Enden machen. Dort regte sich an sonnigen Tagen häufig ein munteres, aus Richtung Küste kommendes Lüftchen. Begab ich mich – in der Erwartung, dort durch kräftigeren Wind von den Mücken weitestgehend verschont zu werden – auf die Höhen oder Berge, so wurde ich dort allerdings rasch ernüchtert: oben stand die Luft: Denn den sonnigen Tag über erwärmt sich die Luft in den Fjorden und beginnt aufzusteigen. Kalte Luft strömt vom offenen Meer her nach und sorgt für den frischen Hauch auf Seeniveau. In einigen hundert Metern Höhe kommt die erwärmte Luft zum Stehen und sorgt für drückende Schwüle (und rege Mückenaktivität).

5. Orientierung

Aufgrund des großen Maßstabes 1:250.000 (1 cm = 2,5 km), in dem das Hauptkartenwerk Grönlands zur Verfügung steht, fällt eine genaue Orientierung im Gelände generell schwer. Ganz besonders deutlich bekommt dies jemand zu spüren, der sich auf dem Wasser bewegt und leichter zu erkennende Merkmale des Landes nicht einsehen kann. Denn immer wieder wird man bemerken, dass die Perspektive, die sich aus der eigenen niedrigen Lage ergibt – ich nenne sie hier „Robbenperspektive" –, einen nur allzu häufig zum Narren hält. Besonders während der Fahrt entlang der an Orientierungspunkten armen Küste zwischen Sisimiut und Attu gestaltet sich die Standortbestimmung nicht ganz leicht. Da sich dem Paddler kein Überblick über die Landoberfläche bietet, gibt sich ihm die Form der etwas entfernt liegenden Küste vom Wasser aus auch nicht preis. Alles rutscht scheinbar auf engstem Raum zusammen.

Inseln, die dem Festland oder wiederum anderen Inseln vorgelagert sind, verschwimmen mit ihrem Hinterland zu einer Masse. Buchten, ganz gleich, ob breit oder schmal und tief eingeschnitten, heben sich vom übrigen Ufer nicht ab, es sei denn, dessen Beschaffenheit ändert sich zwischen felsig und steil oder sandig und flach. Kleine, aufeinanderfolgende Vorsprünge einer geraden Küste scheinen, leicht schräg anvisiert, zu einer langen Landzunge zu verschmelzen, die man vergeblich auf der Karte sucht. Ganz besonders deutlich zeigt sich diese Problematik im ohnehin nur schwer zu durchschauenden Gewirr der Schären. Aus der Vogelperspektive betrachtet, mag diese Ansammlung von Inselchen und Felsen ja noch überschaubar wirken, aus der Robbenperspektive besehen jedoch sind einzelne Schären und Inseln kaum mehr auseinander zu halten. Überlegungen wie: „Dann fahren wir also an der kleinen Landzunge vorbei, passieren erst die breite, dann die tiefeingeschnittene Bucht, bis wir zu der der Küste vorgelagerten Insel kommen", sind nur aus kürzester Entfernung zu den aus der Karte herausgelesenen Landformen nachvollziehbar.

Hält man aber wegen der vom Ufer reflektierten Dünung einen gebührenden Abstand zum Ufer, wird man nur noch anhand von auffallenden Erhebungen, Bergen oder wirklich großen Ungleichmäßigkeiten der Küste feststellen können, welche Strecke man bereits zurückgelegt hat und wo genau man sich befindet. Auch die Ferndiagnose mit Hilfe des Feldstechers ist nur selten hilfreich, da die hohe Brennweite den Effekt der Kulissenhaftigkeit des Landschaftsreliefs nur noch mehr verstärkt und diesem jegliche Tiefe nimmt.

Zu allen Schwierigkeiten, die die trügerische Perspektive mit sich bringt, kommt der Umstand, dass es der Landschaft an jeglichem Maßstab mangelt. Es gibt keine Bäume oder Sträucher mit einer uns bekannten Größe, anhand derer sich Dimensionen der Landschaft abschätzen lassen, und die meisten Schätzungsversuche entbehren jeder Grundlage. Ob ein Hügel nun 50 Meter oder einige hundert Meter hoch und damit schon ein kleiner Berg ist, ob eine Landzunge einen oder fünf Kilometer misst oder ob sich ein Steilufer gerade einmal einige wenige oder sogar etliche Meter über den Wasserspiegel erhebt, wird man häufig erst dann feststellen, wenn man sich direkt davor befindet.

Was bisher eher eine Unannehmlichkeit darstellt, die nur für denjenigen zur echten Problematik wird, der genau wissen möchte, wo er sich befindet bzw. der einen ganz bestimmten Punkt der Landschaft zu erreichen gedenkt, kann sich im nicht selten plötzlich aufkommenden dichten Nebel ernstlich unangenehm entwickeln. Vor allem im Bereich der Schären ist dann jegliche Orientierung schnell dahin. Mit einem Schlag taucht dunkler Fels aus der Suppe auf und wird sogleich wieder verhüllt. „War's eine Insel oder eine Landzunge und wenn ja, welche, oder hat es sich doch nur um eine undefinierbare Schäre gehandelt?"; „Befinde ich mich hier vor einem Inselchen, das sich beidseitig oder vor einer Landzunge, die sich nur links umfahren lässt?" In solchen Situationen tut man in aller Regel gut daran, sich dem (immer griffbereiten!) Kompass anzuvertrauen und einen Kurs zu steuern, der einen laut Karte früher oder später aus dem Labyrinth führen wird, auch wenn es einen kleinen Umweg kostet. Was den Gebrauch des Kompasses anbelangt, so sollte man die sehr beträchtliche Missweisung zu Beginn der Tour erfragen bzw. selber bestimmen und im Laufe der Tage und Wochen kontrollieren und, wenn nötig, korrigieren (zwischen Sisimiut und Aasiaat beträgt die Missweisung etwa 40° West!).

Eine große Hilfe für die eigene Standortbestimmung sind die hauptsächlich zwischen Sisimiut und Aasiaat auf Inseln, Schären oder dem Festland installierten Seezeichen, meist rote Andreaskreuze auf einem kleinen Mast. Diese sind auch auf den Landkarten vermerkt und mit dem Fernglas auch bereits auf größere Entfernung auszumachen oder mit dem Kompass anzupeilen (allerdings sind nicht alle tatsächlich vorhandenen auch auf dem Kartenwerk verzeichnet). Nach der Ortschaft Aasiaat in Richtung Ilulissat findet man diese Orientierungshilfen nur noch selten. Da die Küste dann aber auch abwechslungsreicher und übersichtlicher wird, sind sie dort allerdings auch kaum mehr nötig.

6. Campiermöglichkeiten und Anlanden

Der von der Tagesetappe erschöpfte Paddler wird zu seinem Unmut öfters feststellen müssen, dass das lang ersehnte Plätzchen fürs Lager gar nicht so leicht zu finden ist, wie zuerst erhofft. Und häufig will die Wunschkombination aus flachem Ufer, trockenem und ebenem Grund in Meeresnähe und klarem Trinkwasser in Greifweite einfach nicht dort zu finden sein, wo man tags zuvor bei der Streckenplanung sein Zelt aufzustellen gedachte. Große Teile der Küste sind felsig ausgebildet, mit bisweilen steilen Ufern. In Gegenden mit ausgedehnten Moränenablagerungen sind flache Ufer sehr häufig schlammig und matschig. Abermals steht man vor dem Problem, dass die ungenauen Karten mit einer Äquidistanz von 50 Metern allenfalls Anhaltspunkte über geeignete Lagermöglichkeiten geben können. Doch habe ich oft erlebt, dass Gegenden, die laut Karte an und für sich zum Zelten geeignet wirkten, kaum schöne Plätze boten und sich wider Erwarten nette Flecken dort fanden, wo ich sie gar nicht vermutet hätte.

Als Konsequenz ergibt sich aus dieser Erfahrung, dass man beizeiten mit der Suche nach einem Lagerplatz beginnen und generell die Etappen nach der Verteilung der Landeplätze und nicht umgekehrt wählen sollte. Genauso wie man an regelrechten Traumplätzen campieren wird, wird man am geplanten Ende einer Tagesstrecke wiederholt schimpfend ins Boot steigen und weiterpaddeln, nachdem sich am vermeintlich so freundlich wirkenden Ufer nur Felsen, unebener und torfiger Boden, Matsch oder schlichtweg kein Trinkwasser gefunden hat. Letzteres muss man von Zeit zu Zeit auch in weiterer Umgebung suchen, da vor allem an der zerfransten Westküste und im Inselgebiet um Aasiaat sprudelnde Bäche oder größere Seen eher selten in unmittelbarer Nähe anzutreffen sind. Meistens findet sich aber ausreichend Trinkwasser wenigstens in Wannen und Becken im Fels, wo es problemlos geschöpft werden kann. Mag es eventuell auch nicht für die Ganzkörperwäsche reichen – wer kommt schon zum Baden nach Grönland?

In der Nähe von – zumeist kleinen – Ortschaften ist auf kleinen Inseln vor dem Anlanden erhöhte Vorsicht geboten, da diese Eilande häufig zum Unterbringen der im Sommer nicht gebrauchten Schlittenhunde genutzt werden. Da sie dann nur äußerst unzureichend gefüttert werden, sind sie immer hungrig und für Menschen – vor allem für Fremde – tatsächlich gefährlich. Auch die Grönländer selber haben einen gesunden Respekt vor ihren Hunden und können die Meute nur durch eine sehr rüde und bestimmte Behandlung in Schach halten. Wer also die Gefahr, plötzlich und unerwartet einem Rudel von zehn oder zwanzig hungrigen und halbwilden Hunden gegenüber zu stehen, meiden will, der künde sich vor dem Anlanden an einer Insel in Ortschaftsnähe durch lautes Pfeifen, Singen oder Rufen an. Sind Hunde am Ort, werden diese, in der ewigen Hoffnung darauf, endlich gefüttert zu werden, auf der Stelle auftauchen. Und dann ist – bei aller Tierliebe – eine Weiterfahrt absolut empfehlenswert!

7. Verpflegung unterwegs

Westgrönlands für Paddler sicherlich reizvollste Gegend – der Bereich der Diskobucht – ist gleichzeitig auch die am dichtesten besiedelte Region. Zwischen Sisimiut (Holsteinsborg) an der Westküste und Ilulissat (Jakobshavn) in der Diskobucht liegen noch die beiden Städte Aasiaat (Egedesminde) und Qasigiannguit (Christianshåb) sowie einige kleine Siedlungen. In den größeren Städten erhält man in reich ausgestatteten Supermärkten alles, was man braucht, und vieles darüber hinaus. Auch nach Ladenschluss trifft man häufig auf kleine, von privater Hand betriebene Kioske, in denen man neben üblicher Kioskware wie Tabak, Getränke und Süßigkeiten in vielen Fällen auch Brot und andere Grundnahrungsmittel erhält. Auch in den kleinen und

abgeschiedenen Orten gibt es einen Laden der grönländischen Handels-
organisation KNI, allerdings mit weit weniger variierendem Sortiment. Beim
Einkauf in diesen Geschäften sollte man stets vor Augen haben, dass die
vorrätige Ware in erster Linie der einheimischen Bevölkerung und nicht den
– dort ohnehin kaum erwarteten – Touristen zugedacht ist. Somit ist Zurück-
haltung angebracht; der einkaufende Reisende sollte sich nicht auf stets knap-
pes frisches Brot, Milch und Obst stürzen, um sich für die kommenden
Wochen neu zu verproviantieren, und die Ortsansässigen dann vor leeren
Regalen stehen lassen. Hinweis für „Trangia"-Benutzer: Zum Schutz der einheimischen Alkoholkranken ist Spiritus nicht immer frei im Regal ausge-
stellt, sondern muss an der Kasse erfragt werden, wo er Nüchternen anstandslos ausgehändigt wird.

Das Preisniveau ist in Grönland erwartungsgemäß hoch. Die allermeisten
Waren kosten ein Vielfaches von dem Preis, den man aus Deutschland
gewohnt ist. Besonders teuer sind Schokolade und Süßigkeiten, Müsli, häufig Obst und Milchprodukte, außerdem Tütensuppen. Diese Sachen bringt
man besser, zumindest teilweise, von zu Hause mit. Um der Eintönigkeit
der Rucksackküche entgegenzuwirken, empfiehlt sich auch die Mitnahme
von verschiedenen Gewürzen. Günstig hingegen kann man an den örtlichen
Verkaufsständen Robben-, Walfleisch oder Fisch erstehen. Leider finden sich
solche Fisch- und Fleischmärkte nicht so häufig, wie man es erwarten könnte oder einfach nicht zu der Zeit, zu der man vor Ort ist.

Wer sich gerne aus der Natur bedient, um sich von der ewigen Dehy-
drierkost zu befreien, findet in Grönland teilweise sehr gute Bedingungen
vor. Aufgrund des stellenweisen Fischreichtums empfiehlt sich unbedingt
die Mitnahme einer kleinen, aber gut sortierten Angelausrüstung. In Flüssen, Seen und Meer warten kräftige Saiblinge, im Meer und in den Fjorden Dorsch, Steinbeißer, Rotbarsch und Heilbutt, gelegentlich auch Lachs.
Außer Dorsch, Saibling und Lachs sind die übrigen Seefische allerdings
nur in größeren Tiefen anzutreffen, was eine entsprechend schwere Angelausrüstung und am besten ein größeres Boot notwendig macht. Doch
bevor man Fischen wie Saibling oder Lachs nachstellt, ist vor Ort eine
Angelerlaubnis zu kaufen, die in Hotels, bei der Polizei oder in Touristeninformationen erhältlich ist. Bei einer Gültigkeit von vier Wochen zahlt
man dafür 200 Kronen (50 DM); wer bis zu drei Monaten bleiben will,
hat eine Gebühr von 500 Kronen zu entrichten. Nicht nur aus Anstand
und Respekt den örtlichen Bestimmungen gegenüber sollte man diese
Lizenz kaufen, denn wird man bei Kontrollen beim Fang auf Saibling oder

Lachs erwischt, ohne im Besitz einer gültigen Fischereierlaubnis zu sein, kann das empfindliche Strafen und eine Konfiszierung der Angelausrüstung nach sich ziehen.

Als Angelgerät empfiehlt sich eine leichte bis mittelschwere Route von 2,40 bis 3,00 Metern Länge und einem Wurfgewicht von 10-30 g, eine Rolle mit zwei Spulen für unterschiedliche Schnurstärken (etwa 0,20-0,25 und 0,35-0,40 mm) und eine Reihe von mittelschweren Blinkern, die sich gut werfen lassen. In Seen und Fließgewässern eignen sich Bleikopfspinner mit hohem Wurfgewicht ebenfalls gut. Soll vom Boot aus gefischt werden, so kommen sinnvollerweise mittelschwere Pilker und eine nur kurze Rute zur Anwendung.

Dorsche wird man beinahe überall im Meer antreffen, vorzugsweise in Bodennähe. Wer einmal einen Schwarm aufgespürt hat, kann sich auf viele Bisse dieser wirklich dummen Tiere einstellen. Saiblinge und die selteneren Lachse sind in ihren Standorten weit launischer und sorgen daher mal für freudige Überraschung, mal für Enttäuschung. Generell sind die größeren Exemplare im Meer oder in den Fjorden zu erwarten, wo man am besten in Oberflächennähe fischt. In Flüssen befischt man sinnvollerweise Standorte hinter natürlichen Hindernissen wie Felsen, unterspülte Ufer und tiefere Gumpen, während man in Seen alle Wassertiefen ausprobieren sollte.

Beim Zubereiten des gefangenen Fisches kann der Koch in der Wildnis dann alle Register ziehen. Beim Dorsch ist anzuraten, ihn nicht zu frisch zu verzehren, sondern nach dem Ausnehmen und gegebenenfalls Filetieren mindestens einen Tag, besser noch mehrere Tage, gekühlt aufzubewahren, ehe er in den Topf wandert. Ist er nämlich gänzlich frisch, ist das Fleisch von sehr weicher Konsistenz und ohne Biss. Erst nach dem Ruhen für einige Zeit wird es kernig und herzhafter im Geschmack. Eine gute Möglichkeit ist es, auf Vorrat zu fischen und die Filets in einer Plastiktüte mit sich zu transportieren, wobei man sich um die Kühlung in Grönland nicht so große Sorgen zu machen braucht. Oft lassen sich unterwegs ein paar Eisbrocken aufgreifen, aber auch das kalte Wasser eines Baches oder Rinnsales reicht vollkommen aus, Fisch mehrere Tage vor dem Verderben zu bewahren (wassergefüllte „Ortlieb"-Säcke erfüllen hier gut ihren Dienst).

Auf gute Sicherung der Tüte und ihres Inhalts vor dem unliebsamen Zugriff durch Füchse ist unbedingt zu achten, will man nicht, wie mir geschehen, eine zerrissene Plastiktüte als einziges Relikt der am Abend verrichteten Arbeit vorfinden! Ist erst einmal ein wenig Vorarbeit geleistet, kann man sich, wann immer es dem Magen danach ist, an frischem und herzhaftem Fisch erfreuen. Saibling schmeckt im Gegensatz zu Dorsch auch fangfrisch, ist bei entsprechender Kühlung allerdings auch gut eine Woche haltbar. Er lässt sich hervorragend dünsten, wobei sich aus dem Wasser, Gewürzen, Trockenzwiebeln und dem Fett des Fisches eine köstliche Brühe ergibt. Noch delikater ist das gegrillte Fleisch. Wer einen kleinen Rost dabei hat, wird es nicht bereuen. Unbedingt ausprobieren sollte man die Zubereitung von „gravad laks" (gebeiztem Lachs), wofür sich natürlich Saibling ebenso eignet. Dazu werden die rohen Filets mit Haut von nicht zu großen Exemplaren leicht gesalzen und gepfeffert, schwach gezuckert, mit reichlich (Trocken-) Dill belegt und anschließend Innenseite an Innenseite aneinander gepresst und in einer Plastiktüte aufbewahrt. Nach ein bis zwei Tagen sind die Gewürze in das Fleisch eingezogen, und es erwartet einen ein leckerer Gaumenschmaus, zu dem besonders gut frisch gebackenes Brot und Butter schmecken.

Außer Fisch ist das Nahrungsangebot aus der Natur begrenzt. Im Spätsommer lassen sich die manchmal etwas bitter schmeckenden Krähenbeeren (*Empetrum* sp.) und die wie Heidelbeeren schmeckenden Rauschbeeren (*Vaccinium uliginosum*) pflücken. Von den in Grönland vorkommenden Pilzarten ist keine giftig, dennoch sollte man sich nur an das halten, was man kennt. Guter Speisepilz ist die Rotkappe, die hier zwar nicht den charakteristisch leuchtend hellrot gefärbten Hut besitzt, sondern von einfacher brauner Färbung ist. An den schwarzen Fleckchen oder Streifen am Stiel (die eher wie Dreck aussehen) ist sie dennoch leicht zu erkennen.

Ganz besonderen Spaß und anschließenden Genuss bringt die Tätigkeit des Brotbackens mit sich – vor allem, wenn man grundsätzlich Brot dem Müsli vorzieht. Und da sich im Kajak schließlich genügend Platz für Gepäck findet, ist es ein leichtes, sich unterwegs mit Mehl und übrigen Backzutaten einzudecken. Auch wenn es kaum glaubhaft klingt, ist doch ein Backen mit Hefe oder Sauerteig in Grönland kein Problem – lediglich ein wenig Zeit muss man dazu mitbringen. Holz findet sich entlang der Westküste und besonders in der Diskobucht meist in Form von Latten, Brettern, Pfählen oder Paletten, die an zahlreichen Stränden angeschwemmt werden. Die Versuchung ist groß, entsprechende Lagerfeuer zu schüren, doch sollte man auch an die Nachkommenden und die Grönländer selbst denken, die ebenfalls gerne etwas zum Zündeln vorfinden möchten. Gebacken wird zweckmäßigerweise im Topf, der mit der Pfanne zugedeckt wird.

Um ein allzu starkes Verkohlen des Brotes von unten her zu vermeiden, legt man das Backgut nicht direkt auf den exzellent wärmeleitenden Topfboden, sondern auf eine dünne Schicht flacher Steinchen oder gröberen Kieses. Dann schürt man in einem vorher angelegten Ofen aus Steinplatten vorsichtig ein kleines Feuer um den Topf herum und kontrolliert von Zeit zu Zeit die Hitze. Steht genügend Holz zur Verfügung, kann man auch vor dem Backen kräftig anheizen und die Steine des Ofens erhitzen. Vor dem anschließenden Backen ist dann darauf zu achten, dass sämtliche Glut unter dem Topf entfernt wird, ansonsten wird das Backgut an der Unterseite verkohlen, ein Aluminiumtopf möglicherweise sogar Schaden nehmen. Um bessere Rundumhitze zu erzielen, kann man einen heißen Stein auf den Topfdeckel legen. Wer bei den unten angegebenen Rezepten – die natürlich alle auch erfolgreich getestet wurden – Meerwasser statt Süßwasser verwendet, erzielt zur richtigen Salzmenge gleichzeitig die passende Konsistenz des Teiges.

<u>Bannock:</u> Die einfachste und vor allem schnellste Variante, Brot zu backen, ist die, statt Hefe nur Backpulver zu verwenden. Das Ergebnis ist zwar etwas schwerer und auf Dauer weniger bekömmlich als Hefebrot, lässt sich aber auch mal kurzfristig herstellen und schmeckt frisch mit Butter und Marmelade dennoch köstlich.
Pro 2,5 dl Weizenmehl nimmt man einen TL Backpulver und etwa 8 EL Meerwasser, Gewürze nach Wahl (Fenchel, Schwarzkümmel, Anis, Thymian, Oregano etc.) und knetet daraus einen geschmeidigen Teig, der nicht klebt. Im geschlossenen Topf oder auf der heißen Steinplatte mit darübergestülptem Topf zu 2-4 Bannocks ausbacken.
„Paddler's Delight" heißt die Variante, bei der man dem Teig Thymian, Oregano und frisch gehackten Knoblauch (gehört in jedes Gepäck!) zugibt. Frisch mit Butter genossen, ein echter Aufmunterer nach anstrengender Tour.

<u>Rosinenbannock:</u> In 2 EL Meer- und etwa 6 EL Süßwasser löst man 6-8 Stückchen Zucker auf und weicht 3-4 El Rosinen und knapp einen EL Zitronenpfeffer darin ein. Die Flüssigkeit verknetet man mit 4 dl Weizenmehl und 1,5 TL Backpulver und knetet anschließend die Rosinen unter. Zu zwei Fladen jeweils etwa 15 Minuten backen.

<u>Hefebrot:</u> Man übergießt 2,5 dl Weizenschrot („fuldkorn") und zwei Stückchen Zucker mit kochendem Meerwasser und lässt diesen dicken Brei etwas ziehen und abkühlen. Anschließend rührt man 2,5 dl Mehl, 1 TL Trockenhefe, ggf. etwas Backpulver und Gewürze nach Belieben unter und knetet schließlich abermals 2,5 dl Mehl unter den Teig, bis er nur noch schwach

klebt. In einer Plastiktüte lässt man ihn in der Sonne etwa eine Stunde gehen und teilt ihn dann in zwei Teile. Die eine Hälfte wird auf ein dünnes Steinbett im Topf gelegt und man lässt sie am Feuer abermals gehen (geht rascher), bis knapp die doppelte Größe erreicht ist. Während das erste Brot backt, geht das zweite, in eine Plastiktüte gepackt, in der Sonne. Jeweils ca. 35 Minuten backen.

Eine leckere, würzige Variante erhält man, indem man dem Schrot zwei EL Trockenzwiebeln und evtl. Knoblauch beimischt und mitquellen lässt.

Sauerteigbrot: Wem die Hefe auszugehen droht, der kann sich mit Hilfe eines einfachen Sauerteigstarters einen dauerhaften Backansatz herstellen, der immer wieder zu benutzen ist. Dazu mischt man ca. 2 dl Mehl mit einem Stückchen Zucker, einem halben Päckchen Trockenhefe und knetet unter Wasserzugabe einen weichen Teig, den man in einer Plastiktüte verpackt etwa drei Tage lang warmstellt (tagsüber in der Sonne oder in einer Tasche am Körper, nachts im Schlafsack) und gelegentlich durchknetet, damit die Blasen verschwinden.

Auch hier werden 2,5 dl Schrot oder Vollkornmehl mit Gewürzen und zwei Stückchen Zucker vermischt, mit kochendem Meerwasser übergossen und ziehen gelassen. In den warmen Brei bröckelt man dann eine Hälfte (einen guten EL voll) des Sauerteigstarters und rührt ihn gleichmäßig unter. 2,5 dl Mehl unterkneten, bis eine glatte Konsistenz erreicht ist. In einer Plastiktüte wird der Teig über Nacht mit in den Schlafsack genommen. Am nächsten Tag knetet man nochmals 2,5 dl Mehl unter, formt zwei Laibe, die man im Topf am Feuer bzw. in der Tüte in der Sonne eine Stunde gehen lässt und jeweils etwa 35 Minuten backt. Der Sauerteigstarter wird mit 1 dl Mehl und etwas Wasser wieder aufgestockt und wie oben beschrieben behandelt.

Informationen zu der Tourenkarte

Ergänzungen und Hinweise zum Standardkartenwerk 1:250.000 (siehe „Literatur und Landkarten" Seite 138) in der Reihenfolge der Paddeltour von Süden nach Norden:

Man sollte sich nicht davon verunsichern lassen, daß die grönländische Schreibweise von Orten und geografischen Bezeichnungen in einem gewissen Rahmen variiert. Dies betrifft vor allem die Benutzung von Akzenten oder verdoppelten Buchstaben.

Blatt 66 V. 1:
Sisimiut: Besitzt jetzt einen Flughafen auf der nördlichen Seite der Bucht. Einige Schären N' der Insel Igdlutalik ca. 8 km von Sisimiut werden als Hundeparkplatz benutzt ⇒ nicht betreten, ohne vorher auf sich aufmerksam gemacht zu haben!

Blatt 67 V. 1:
Bucht Akorngaq (ca. 12 km N' Sisimiut): Hier stehen ein paar wenige Wochenendhäuser.
Nordre Isortoq: Mittelstarke Gezeitenströmung an der Mündung.
Nordre Strømfjord: U.U. sehr starke Gezeitenströmung an der Mündung.
Bei Inugsut (ca. 10 km N' des Nordre Strømfjord): Geologisch interessantes Gebiet mit weit verfolgbarem Verlauf einer markanten, fast senkrechten Schieferung.
Ikerassarsuk: Das N' Ende dieses beinahe küstenparallelen Sundes ist zum Zelten nicht geeignet (abschüssig; Steilufer).
Die Siedlung Aqigsserniaq (ca. 7,5 km S' von Agto/Attu): Aufgelöst und unbewohnt.
Agto/Attu: Laden, Schiffsverbindung nach Kangaatsiaq.
Der Berg Rifkol (273 m): Auf einer Insel ca. 7 km WNW' von Agto; trägt einen Radiomast ⇒ weit sichtbarer Peilpunkt.

Blatt 68 V. 1:
Siedlungen Ikerasârssuk, Igininiarfik und Tunúngassoq (im und am Ende des Fjordes Ataneq) sowie Siedlung **Niaqornarssuk** (ca. 25 km ESE' von Kangaatsiaq): Laden, Schiffsverbindung nach Kangaatsiaq.
Die Insel Tulugartalik (direkt vor Ikerasârssuk): Wird als Hundeparkplatz benutzt ⇒ nicht betreten, ohne vorher auf sich aufmerksam gemacht zu haben!
Ortschaft Kangaatsiaq: Laden, Schiffsverbindung nach Aasiaat (Egedesmin-

de), Post. Nur bescheidene Zeltmöglichkeiten in der Nähe, am besten auf Nordseite der Halbinsel, ca. 2 km hinter dem Ort.

Siedlung Qeqertarssuatsiaq (auf gleichnamiger Insel, ca. 15 km NE' von Kangaatsiaq): Aufgelöst.

Der Berg Knofjeld (193 m): Liegt direkt NE' obiger Ortschaft und trägt einen Radiomast ⇒ weit sichtbarer Peilpunkt.

Mitte der Westseite der Insel Satorssuaq (zwischen Qeqertarssuatsiaq und dem Sarqardleq): Traumplätzchen.

Mündung des Sundes Sarqardleq (S' der aufgelösten Siedlung Manermiut): Ggf. mittelstarke Gezeitenströmung.

Aasiaat (Egedesminde): Direkt S' der Stadt befindet sich die Mülldeponie, im E an der Küste der neue Flughafen. Daher schlechte Zeltmöglichkeiten. Hunde auf manchen der kleinen vorgelagerten Inselchen.

Ikerasagssuaq (Langesund): Schiffswrack auf einer Schäre ca. 2 km W' der kleinen Insel Tartut.

Siedlung Akúnaq (ca. 22 km E' von Aasiaat): Laden und Schiffsverbindung nach Aasiaat und Qasigiannguit (Christianshåb).

Blatt 68 V. 2:

Siedlung Ikamiut am Westrand der Sydostbugt: Laden, Schiffsverbindung nach Aasiaat und Qasigiannguit (Christianshåb). Tolle Zeltplätze in der Bucht Puagiarssûp ilua; fließendes Trinkwasser am Ende der Bucht.

Das Inselchen E' der Insel Qeqertarmiut (ca. 5 km SSE' von Ikamiut): Wird als Hundeparkplatz benutzt ⇒ nicht betreten, ohne vorher auf sich aufmerksam gemacht zu haben!

Auf der Insel Ujaralik (ca. 11 km SSE' Ikamiut): Hier besteht ein dauerhaftes „Zeltlager" von Einheimischen. Direkt S' Wasser auch mehrere hundert m vom Ufer extrem seicht mit Gefahr des Auflaufens.

Bucht Marrait sowie die Bucht ca. 5 km weiter E' mit sandiger Steilküste.

Halbinsel Sarpiussat: Der „Hammerstiel" ist wegen Steilkante und schlammigem Strand nicht zum Anlegen geeignet. Oben nur weicher und nasser Buckeltorf.

Berg Sarpiussat qáqa (399 m): Sehr schöner Rundblick auf Nordenskiöldgletscher (teilweise) im S und südliche Diskobucht.

Sund Tunuvtaimâ und der S' Nachbarbucht: Einige Wochenendhäuser.

Abfluss aus dem See Kûgssup tasia (in den Fjord Kangersuneq): Verläuft in einer Klamm ⇒ keine Aufstiegsmöglichkeit.

In N' Bucht am Ende des Kangersuneq: Schöne Zeltplätze in Flussnähe. Allerdings kaum Feuerholz, da stark von Einheimischen frequentiert. Nur mäßig lohnende Tour auf namenlosen Berg 585 m mit Blick aufs Inlandeis.

Kleine Inselchen S' und N' der Insel Kingigtuarssut (ca. 5 km SSW' von Qasiganguit): Als Hundeparkplatz benutzt.
Nordufer der Laksebugt (Eqaluit): Wochenendhäuser.

Blatt 69 V. 2:
Bucht Animilit, ca. 7 km S' von Ilimanaq (Claushavn): Dauerhaftes Zeltlager von Einheimischen.
Bucht Itivdliup ilua: Sandige Steilküste am Ende.
Siedlung Ilimanaq (Claushavn): Laden, Schiffsverbindung nach Ilulissat. Hunde auf dem Inselchen ca. 2 km N'.
Bucht direkt N' von Ilimanaq: Steilufer durch grobes Moränenmaterial. Bei den Überresten von Inuitruinen bei Igdlumiut nur bescheidene Zeltmöglichkeiten. Weiter im N steiler Fels.
Bucht Sermermiut S' Ilulissat: Zeltverbot. Zeltplatz der Stadt ca. 1 km oberhalb.
Landzunge Nordre Næs N' Ilulissat: Nur bescheidene Zeltmöglichkeiten. In der **Bredebugt** und auf der vorgelagerten Insel Savêrneq zahlreiche Wochenendhäuser.
Oqaatsut (Rodebay): Laden, kleine Herberge mit Restaurant, Schiffsverbindung nach Ilulissat und weiter nach Qeqertaq und Saqqaq auf Nuussuaq.
Bucht Anoritôq (ca. 9 km NNE' Oqaatsut): Schöner Platz am Ende der Bucht. Jagdhütten auf der S' gelegenen Halbinsel.
Schmale Meerenge im Pâkitsoq: Extrem starke Gezeitenströmung!
Ehemalige Siedlung Atâ am See Tasersuaq auf Arve Prinsens Ejland: Jetzt Touristencamp mit Bootstransfer nach Ilulissat.
Gletscher Eqip sermia: „Vorzeigegletscher" mit fast täglicher Bootstour von Ilulissat.
Gletscher Kangilerngata sermia: Aktiv; Abstand zur Front halten. Hohes Eisaufkommen im Fjord.
Fjord Torssukátak: Hohes Eisaufkommen.
Ehemalige Siedlung Nûgaq (ca. 5 km S' von Qeqertaq): Kleine, baufällige Hütte, als Unterstand nutzbar.
Siedlung Qeqertaq: Laden, Schiffsverbindung nach Ilulissat.
Ehemalige Siedlung Agpat/Appat (Ritenbenk) auf gleichnamiger Insel W' vor Arve Prinsens Ejland: Jetzt Ferienlager für Kinder mit Schiffsverkehr nach Ilulissat (bei Bedarf).
Laksebugt S' von Agpat/Appat: Zeltmöglichkeit für ein paar kleine Zelte auf kiesigem Boden.
S' Ende von Arve Prinsens Ejland: Unzulängliche Zeltmöglichkeiten, da steile Ufer und viel grobes Moränenmaterial.

Literatur und Landkarten

Aus dem derzeit erhältlichen Buchangebot zum Thema Grönland oder Paddeln seien hier folgende Titel ausgewählt (die Kommentare spiegeln lediglich meinen persönlichen Eindruck wider und sind natürlich nicht von allgemeiner Gültigkeit):

Gallei, Konrad & Thorer, Axel: Ost-Grönland – **Kajakreise in das Land der Menschen;** Badenia, Karlsruhe, 1987.
> Abenteuerbericht über eine lange Faltbootfahrt entlang der Ostküste von Ammassalik südwärts. Naturgemäß etwas dramatisiert.

Köppchen, Ulrike & Hartwig, Martin: **Grönland;** Conrad Stein Verlag, Struckum, 1999.
> Ausführlicher und aktueller Reiseführer mit zahlreichen Tipps, Adressen etc.

Ludwig, Alfred: **Grönland;** Mai's Reiseführer Verlag, Buchschlag bei Frankfurt, 1987.
> Übersichtlicher und gut zu lesender Reiseführer (der erste in deutscher Sprache), v.a. mit landeskundlicher, weniger freizeitlicher Information. Verschafft einen guten Überblick und Hintergrundwissen, was für das Verständnis der Insel unerlässlich ist. Trotz des „Alters" sehr empfehlenswert.

Traversier, Rita & Eimer, Martin: Sermiligaq – **Wo die Eisberge herkommen;** Steiger Verlag, Berwang/Tirol, 1986.
> Ausführliche Beschreibung von Land, Leuten und Lebensweise vorwiegend in Ostgrönland. Zahlreiche stimmungsvolle Fotos.

Vogeley, Michael & Ferschoth-Vogeley, Ingrid: **Grönland mit Baffin Island;** Abenteuer Trekking Bruckmann, 1996.
> Trekkingführer, der die klassischen Wandergebiete Grönlands und einige Touren auf Baffin-Island zusammenfasst. Daneben kurze Tipps für eine eventuelle Inlandeisüberquerung. Enthält eigentlich nur wenig neue Information und mag etwas „bunt" wirken.

Ydegaard, Thorbjörn: **Wandern in Grönland;** Regenbogen-Verlag, Zürich.
> Übersetzung der dänischen Originalausgabe. Knappe Beschreibung der wichtigsten Wandergebiete und -routen in West-, Süd- und Ostgrönland. Zahlreiche Kartenskizzen.

Grönland 1:250.000: Diese Kartenserie vom Geodætisk Institut in København deckt die gesamte Insel in ihren küstennahen Bereichen ab und ist das Standardwerk für Reisen nach Grönland. Grundlage sind teilweise weit zurückliegende Luftaufnahmen, und die einzelnen Blätter werden nur sporadisch aktualisiert. Somit sind nicht alle Informationen auf dem neuesten Stand, v.a. was kleine Siedlungen anbelangt, die im Zuge einer gesteuerten Konzentration der Bevölkerung auf die größeren Orte in der Vergangenheit teilweise aufgegeben wurden. Die Äquidistanz schwankt je nach Blatt zwischen 50 und 100 Meter und lässt somit nur wenige Schlüsse auf die genauere topografische Beschaffenheit der Landschaft zu. Ferner sollte man sich nicht davon verunsichern lassen, dass die grönländische Schreibweise von Orten und geografischen Bezeichnungen in einem gewissen Rahmen variiert. Trotz allem sind die Karten dieser Serie durchaus brauchbar.

Saga Maps hat auf Grundlage dieser Serie für einige Gebiete Karten mit anderem, der Landschaft besser angepasstem Blattschnitt herausgegeben, so dass man mit weniger Blättern auskommen kann. Allerdings sind die Blattgrenzen auf diesen Karten nicht besonders exakt aufeinander abgestimmt. Für die erschlosseneren Wandergebiete z.B. Südgrönlands, der Umgebung von Ilulissat und Kangerlussuaq (Søndre Strømfjord) liegen mittlerweile Karten im Maßstab 1:100.000 und mit einer Äquidistanz von 25 Meter vor. Für die Planung und Durchführung von Wanderungen sind sie sicherlich die geeignetere Wahl.

Karten können in Grönland in den Touristeninformationen der größeren Orte gekauft werden, meist allerdings nur für die direkte Umgebung. Wer im Voraus planen will oder muss, beschafft sich am zweckmäßigsten die Karten bereits zu Hause (siehe „Adressen").

© Philipp Krekel, 2001

Adressen

Nordis Versand GmbH, Postfach 100343, D-40767 Monheim,
Tel.: (02173) 95 37-0 /-12, Fax: (02173) 54 27 8;
E-Mail: Elch@nordis-versand.de, www.nordis-versand.de.

Jürgen Schrieb, Schwieberdinger Str. 10/2, D-71706 Markgröningen,
Tel.: (07145) 260 78

Greenland Tourism A/S., Head Office, P.O. Box 1552/Hans Egedesvej 29,
DK-3900 Nuuk, Greenland, Tel: +299 (32) 28 88, Fax: +299 (32) 28 77,
E-Mail: tourism@greennet.gl, www.greenland-guide.dk.

Greenland Tourism A/S, Denmark Office, P.O. Box 1139/Pilestræde 52,
DK-1010 København, Tel: +45 (33) 13 69 75, Fax: +45 (33) 93 38 83,
E-Mail: greefo@inet.uni-c.dk.

Greenland Travel A/S, Gl. Mønt 12, DK-1004 København K, Tel. +45
(33) 13 10 11, Fax +45 (33) 13 85 92, E-Mail: nuuk@greenland-travel.gl

Royal Arctic Line A/S, Grønlandshavnen, DK-9220 Aalborg Ø, Tel: +45
(99) 30 32 34, Fax: +45 (99) 30 30 65, E-Mail: ralin@ral.dk
bzw. in Deutschland: Eimskip Deutschland, Hjördur Hjartar, Brandsende 6,
D-20095 Hamburg, Tel.: (040) 323 330-0, Fax: (040) 323 330-60

www.greenland-guide.gl: Übersichtliche und sehr umfangreiche Website
mit ausführlicher Information zu Allgemeinem, Verkehr und v.a. touristi-
schen Aktivitäten (Angeln, Hundeschlitten, Wandern, Kajakfahren etc.).

www.greenland.dk: Offizielle Seite mit Überblick über die grönländische
Verwaltung. Informationen zu Firmen, Verkehr und ausländischen
Niederlassungen von Konsulaten usw.

www.statgreen.gl: Statistischer Informationsdienst von Grönland.

www.geus.dk: Website des Geologischen Dienstes von Dänemark und
Grönland. Informationen über Karten, Rohstoffe, Projekte u.v.m.

www.kms.dk: Webadresse des Dänischen Landesvermessungsamtes (Kor-
tog Matrikelstyrelsen) mit Informationen zu topografischen Karten.

Die Liebe zum Norden und seiner weiten Landschaft schlug bereits früh in mir Wurzeln. Kinder- und Jugendbücher regten meine kindliche Fantasie an, und spätestens seit der ersten Familienreise nach Norwegen ließ mich dieses Land nicht mehr los. Nach der Begegnung mit Lapplands Schönheit gönnte ich mir im Jahr darauf zum Abitur eine fünfwöchige Wanderung über Fjell und Vidde und nutzte – mittlerweile abhängig geworden – anschließend jede sich bietende Möglichkeit, mit Rucksack und Zelt, sommers wie winters, nach Norden zu fahren. Schnell weiteten sich die Ziele auf Grönland und Spitzbergen aus und lassen mir inzwischen immer weniger Spielraum hinsichtlich der Entdeckung anderer Länder und Gegenden. Das Studium der Geologie öffnete mir die Augen für die Schönheit der Natur im Gestein und lehrte mich, den Blick für vermeintliche Belanglosigkeiten in meiner natürlichen Umgebung zu schärfen und dadurch Landschaften besser zu verstehen - eine großartige Erfahrung.

Nach kurzen und bald auch längeren Wanderfahrten auf deutschen und masurischen Gewässern begann ich die Fortbewegung auf dem Wasser mehr und mehr zu schätzen. Den Kajak als Transportmittel einmal dort zu nutzen, wo er traditionell heimisch ist, war mir ein großer Wunsch – in Grönland ging er in Erfüllung.

Aus der Reihe **KANU KOMPASS**
Das Reisehandbuch zum Kanuwandern

SÜDFINNLAND

1.Auflage April 2001

240 Seiten, 16,5 x 23,5 cm,
Fadenheftung, Duplexdruck

ISBN 3-934014-03-8
DM 39,80

DEUTSCHLAND OST

1.Auflage Mai 2000

288 Seiten, 16,5 x 23,5 cm,
Fadenheftung, Duplexdruck

ISBN 3-934014-02-X
DM 39,80

SÜDSCHWEDEN

1.Auflage April 1999

219 Seiten, 16,5 x 23,5 cm,
Fadenheftung, Duplexdruck

ISBN 3-934014-01-1
DM 39,80

Aus der Reihe **KANU SPEZIAL**
Der individuelle Reisebericht

GRÖNLAND

1.Auflage April 2001

144 Seiten, 14,8 x 21,0 cm,
Fadenheftung, Farbfotos

ISBN 3-934014-15-1
DM 29,80

NORDSCHWEDEN

1.Auflage Mai 2000

128 Seiten, 14,8 x 21,0 cm,
Fadenheftung, S/W- und Farbfotos

ISBN 3-934014-14-3
DM 29,80

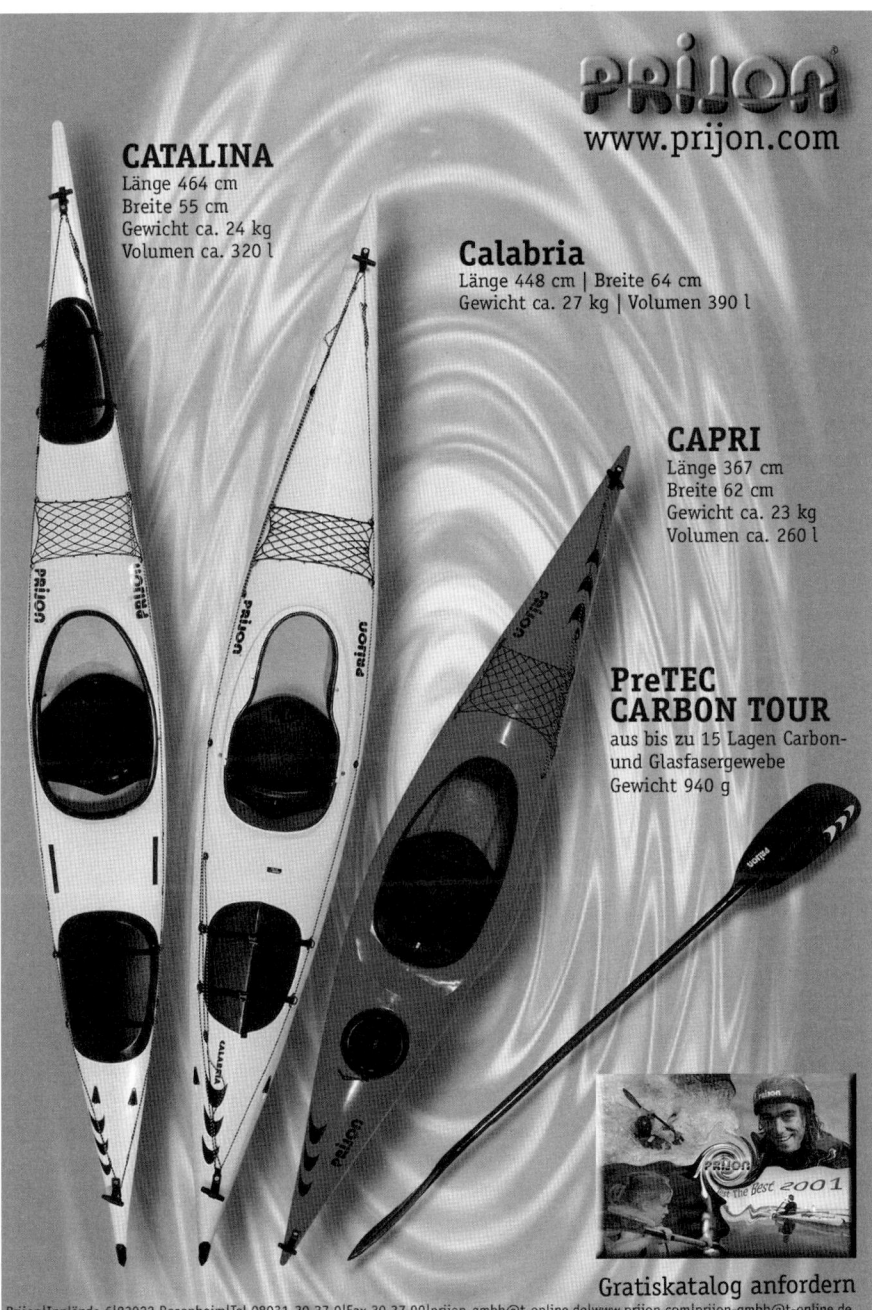